职场领导力系列

# 有效地招聘

## 掌握面试策略、背景调查和入职培训

［美］保罗·法尔科内（Paul Falcone） 著

徐丽 译

中国原子能出版社　中国科学技术出版社

·北 京·

Effective Hiring: Mastering the Interview, Offer, and Onboarding / ISBN: 9781400230037
Copyright ©2022 Paul Falcone.
Published by arrangement with HarperCollins Leadership, an imprint of HarperCollins Focus, LLC.
Simplified Chinese edition copyright © by China Science and Technology Press Co., Ltd
and China Atomic Energy Publishing & Media Company Limited

北京市版权局著作权合同登记 图字：01-2022-6669

**图书在版编目（CIP）数据**

有效地招聘 /（美）保罗·法尔科内
（Paul Falcone）著；徐丽译 . — 北京：中国原子能出
版社：中国科学技术出版社，2024.1
书名原文：Effective Hiring: Mastering the
Interview, Offer, and Onboarding
ISBN 978-7-5221-3168-9

Ⅰ . ①有… Ⅱ . ①保… ②徐… Ⅲ . ①企业管理—招聘 Ⅳ . ① F272.92

中国国家版本馆 CIP 数据核字（2023）第 234083 号

| **策划编辑** | 李清云 | **文字编辑** | 贾 佳 |
|---|---|---|---|
| **责任编辑** | 付 凯 | **版式设计** | 蚂蚁设计 |
| **封面设计** | 创研设 | **责任印制** | 赵 明　李晓霖 |
| **责任校对** | 冯莲凤　张晓莉 | | |

| 出　　版 | 中国原子能出版社　中国科学技术出版社 |
|---|---|
| 发　　行 | 中国原子能出版社　中国科学技术出版社有限公司发行部 |
| 地　　址 | 北京市海淀区中关村南大街 16 号 |
| 邮　　编 | 100081 |
| 发行电话 | 010-62173865 |
| 传　　真 | 010-62173081 |
| 网　　址 | http://www.cspbooks.com.cn |

| 开　本 | 787mm×1092mm　1/32 |
|---|---|
| 字　数 | 82 千字 |
| 印　张 | 6.25 |
| 版　次 | 2024 年 1 月第 1 版 |
| 印　次 | 2024 年 1 月第 1 次印刷 |
| 印　刷 | 北京盛通印刷股份有限公司 |
| 书　号 | ISBN 978-7-5221-3168-9 |
| 定　价 | 59.00 元 |

（凡购买本社图书，如有缺页、倒页、脱页者，本社发行部负责调换）

# 序言

领导最重要的一项职责就是为公司聘用合适的员工。无论你是执行副总裁还是新任主管，你的个人表现直接反映了团队的生产力。如果你聘用了合适的员工，他们有上进心和高度的自我意识，并且能够对自己的业务负责，那么你的职业生涯将会一路畅通，追随你的团队成员也会在其职业领域有所成就。相反，如果你识人不佳，选错了员工，那么你将会花费大量时间用于指导、约束那些业绩不达标的员工。有时候，你不得不亲自替他们完成工作，而这又需要牺牲你的家庭时间、社交生活和睡眠时间等。

有上进心的新员工会找到处理工作的新方法，承担岗位职责以外的工作，每天都呈现出最好的工作状态，几乎不需要你的干预。通常你一眼就能认出这样的员工：他们很容易在人群中脱颖而出，愿意承担额外的工作，好奇心强、勇于创新，善于抓住机会，做事时心怀感恩之心。如果你能为每个岗位招聘到这样的员工，那么你将远远领先于你的同行，作为优秀的团队建设者和人才培养者闻名于业界。

糟糕的是，现在很多公司领导在其职业生涯中对招聘工作变得厌倦了。他们认为，找到优秀员工更多靠的是机会而非精心策划，而且他们忙于日常工作，往往没有足够的精力去关注空缺职位。然后，这就成了一种恶性循环：你不花时间填补空缺职位，那么你和团队成员就会因为人手短缺而负担过重，导致工作陷入混乱，人人筋疲力尽。

因此，本书的目的是要改变你对招聘和筛选过程的看法。要做到这一点，我需要你在以下两个重要方面完全信任我：第一，学习了书中提到的招聘技巧后，你要相信自己评估求职者的技能可以提升到新的水平，能够吸引顶尖人才。第二，无论情况多么紧急，你必须把填补团队空缺职位作为首要任务。只有这样做，你才是对自己和其他团队成员负责任。

简而言之,作为领导者,你聘用的人有多优秀,你就会有多优秀。现在就让我们一起启程,正视这一领导的关键职责,找到有效招聘的新工具和新方法吧!

**免责声明**：本书中，作者交替使用了"他"和"她"，男女示例均为虚构。书中所述的相关情况适用于任何人。此外，请始终牢记：本书不可用作法律指南，也不提供任何法律建议，因此，当你需要法律方面的相关指导时，本书不能代替持照执业律师给出意见。你必须咨询律师获取与实际情况相关的法律意见。

# 目录

**第一章** 员工招聘常用策略 / 001

优秀人才的标准 / 003

招聘资源最大化 / 011

直接搜索招聘：传统招聘模式的替代方案 / 020

根据个人喜好招聘：建议与忠告 / 025

电话筛选：确定参加面试的求职者 / 032

**第二章** 进行"高概率"招聘的面试策略和问题 / 037

如何进行有效面试 / 039

面试破冰：建立融洽关系与信任 / 044

进行高情商面试：通过"求职辅导"法了解求职者的内心想法 / 047

不是技术专家的你：该如何面试技术类求职者 / 052

有效面试远程办公员工 / 056

招聘自由职业者和独立承包商 / 061

招聘销售和业务拓展人员 / 065

面试主管、经理和总监 / 076

面试你未来的老板：礼貌评估你的下一任经理 / 087

**第三章** 背景调查和发出录用通知 / 091

招聘时不做背景调查，就好像在轮船上放了没有固定好的大炮 / 098

在背景调查中让求职者的前任主管向你敞开心扉 / 103

对计时工、生产人员的背景调查 / 109

对专业技术人员进行背景调查 / 118

对远程办公的员工进行背景调查 / 128

提前模拟辞职挽留：为发出工作邀请做准备 / 133

薪资谈判：发出工作邀请，完成招聘 / 143

**第四章** 入职 / 157

入职第一天：欢迎新员工 / 159

入职第三十天：第一印象和"前馈" / 163

入职第六十天：转折点？是时候开始"真正"的工作了 / 166

入职第九十天：设定初始目标，调整预期，为季度、年度及以后的考核做准备 / 169

远程入职培训：2D 世界中的 3D 体验 / 176

# 第一章

## 员工招聘常用策略

**有效地招聘**

本章主要涵盖了在开始招聘或面试员工之前，负责招聘的领导需要掌握的必要知识。首先，制定新员工的录用标准：员工最重要的品质是什么？公司在开始招聘之前必须清楚这一点。其次，我建议利用以下四种不同资源来改进招聘流程：无定金猎头公司、预付型猎头公司、负责整个招聘流程的外包公司以及再就业公司（帮助下岗员工再就业）。此外，本章还将介绍如何使用个人网络直接招聘新员工。最后，本章提供了面试时提问求职者的基本问题，以及在进行正式的现场面试前通过电话筛选求职者的技巧。

# 优秀人才的标准

在你招聘新员工之前,必须确定筛选简历、选择最终面试者的主要标准。本节描述了我在招聘员工时最看重应聘者的四个关键素质及原因,你可以根据个人需求进行选择。在深入研究某个职位所需的核心能力并提出与这些能力密切相关的问题之前,你需要确定你招聘与选拔员工的标准;然后,确定面试问题,从而判断求职者是否符合这些标准。

## 长期供职

长期供职是新员工对公司为其进行的入职和培训等工作的潜在投资回报。通常情况下,简历能够体现出求职者换工作的频率(除去求职者无法控制的特殊情况,例如裁员)。因此,面试时公司需着重关注求职者之前离职的原因,这有助于了解他们的职业价值观和职业发展策略。最重要的是了解求职者离开目前就职公司的原因，以及你的公司在哪些方面能满足他们的需求。

如果求职者离职是因为裁员，你一定要明确是集体裁员还是个人裁员。集体裁员会涉及数百甚至数千人，显然这种离职对你的公司没有什么危害性，可以接受。但如果求职者是被单独裁员的，那可能是一个危险信号：公司提供遣散费并解雇此人是为了严肃公司纪律和更好地规划公司发展。如果求职者可以心平气和、客观地对个人被裁的原因给出解释，并未对此表示不满和心存怨怼，那么这些都能很好地展示出求职者的高情商和成熟的工作态度。最后，如果员工在多轮裁员中幸存下来，并且在最后一天离开时依然负责"关灯"，则足以说明公司对该员工的高度信任，这非常有利于他们找到新工作。

求职者对此问题的回答大都经过精心准备，而他们往往给出最常见的回答："没有发展空间"，这一回答无疑暴露出他们并未真正理解"发展"的真正含义。对有些人来说，发展就是晋升到更高级别的职位；而对另一些人来说，个人进步和发展则意味着承担更多的责任（例如，海外轮岗或开展其他业务）。还有一些人完全把个人事业发展等同于加薪，认为当前的薪酬不能体现其市场价值。求职者期望新公司（或任何老板）能够提高他们的薪酬，这种想法是错误的。新公司没有义务帮助求职者实现其期望的市场价值，所以你要警惕那些加薪要求超过 20% 的求职者。

### 职位升迁

为了深入了解求职者的晋升偏好，你可以问他们：

你能否向我介绍一下你的职业发展历程？你是如何获得现在公司的职位的？

这个问题直奔主题，有助于求职者回顾他的整个简历，让你了解他之前的求职经历。同时也有助于你衡量求职者是否具有简要、准确概括海量信息的能力。

如果一名求职者从八年前开始一直身处公司的管理层（也就是说，没有纵向发展），这意味着什么呢？当然，就求职者的资历而言，这绝对没问题——哪个公司不想要一个在同一家公司同一个岗位上兢兢业业工作了八年的员工呢？但这个问题本身可能暗示该求职者应该有职业晋升的机会，因此他可能会因为无法给出适当回答而感到尴尬或难过。

为了缓解尴尬，我们只需要再问下列问题：

很高兴你已经在这个岗位上工作了八年，请问：在此期间你的职责有什么变化？你是如何在工作中不断创新以满足公司新的发展需求的？

这个问题有利于求职者从不同角度总结八年来他所面临的挑战及其应对策略。

# 第一章
## 员工招聘常用策略

**专业技能与学历背景**

专业技能与学历背景是公司录用求职者的根本依据。毕竟，如果一名求职者拥有专业的软件应用或设备操作技能、医疗执照、学历证书等，那么在理论上他肯定有资格进入该职位的最终面试。但是事实上，仅仅拥有纸质证书或相关背景并不能让我们完全了解求职者在某个专业领域的业务能力或其日常的工作方式。当然，你也完全可以说："请用通俗的语言回答这个问题，因为微生物学不是我的专业。"或者其他类似的话。只要你主动坦诚，求职者就会按照要求做出通俗易懂的回答。因此，你可以提出下列问题以鼓励求职者积极表现：

从1分到10分打分，10分为完全匹配当前职位，你如何评价自己的专业技能？

一般求职者会给出8分，大部分求职者都不会给自己打10分，因为他们不想给人留下傲慢或自以为无所不知的印象；但是他们对自己的打分也不太可能低于7分，因为他们担心会被认定为不合格。

那么你可以继续问下列问题：

告诉我你为什么给自己打8分？你认为需要达到什么水平才能打10分？

这个问题会让求职者明确其专业技能的不足，并且进一步分析他们应聘的新职位将会如何开阔他们的视野，成为他们前进的动力。接下来，你还可以继续问：

在最初入职的90天或180天内，你认为自己最需要关于公司哪方面的信息？是结构、发展方向，还是工作反馈？

从职业发展的角度看，你为什么会选择这个工作来发展你的事业？

你需要再次询问求职者加入公司的原因，他们

# 第一章
员工招聘常用策略

工作的最大动力以及他们为什么认为这个工作是其职业发展规划中的一个契机。这些问题对于任何面试都是一个不错的开场白,求职者通常会非常喜欢这种直接透明的面试风格,因为你正在帮助他们将自己职业发展中的点点滴滴串联起来。

**性格匹配、未知因素、人际关系**

这一标准经常具有误导性。我们往往根据个人喜好招聘员工,但是最初的好感度并不一定等同于工作上的契合度。很多经理人倾向于聘用他第一眼看中并相谈甚欢的求职者,但是切记不要将这作为招聘的首要标准,而应将它当作最低标准。匹配度是成功招聘新员工的一个关键因素,因此不能低估这种"匹配"功能的重要性。简言之,一个成功的猎头公司或内部招聘人员擅于将求职者的个性和工作风格与公司、部门或团队的文化进行匹配。自然、无缝的高契合度会大大提升招聘的成功率。从现在开始,你完全可以尝试使用"适合因素"的方法来筛选求职者。更重要的是,这种方法既有趣又令人兴奋。

请确保你在冷静分析了前三个客观标准后，再使用"匹配性"这一标准权衡是否要录用求职者。本书第四章将会继续讨论"个性"和"个人风格"，这是因为求职者与某个岗位或公司之间的关系本质上是情感层面上的，而非技术或认知层面上的。因此，面试的提问策略对面试结果起着关键作用。在接下来的背景调查中，你还有机会与求职者的前任主管确认你最初的直觉，从而决定是否发出录用通知。

# 第一章
员工招聘常用策略

# 招聘资源最大化

充分利用外部招募公司的服务来筛选、接洽优秀的求职者非常有效。以下简单介绍四种资源。

### 选择一：无定金猎头公司

无定金猎头公司通常有两种：管理人员招募公司和专业/技术人员招募公司。传统的管理人员招募公司招聘行政助理、普通会计人员、客户服务代表等岗位：求职者的年薪一般不高于75000美元。相比而言，专业/技术人员猎头公司通常专注于某一学科，例如，会计和金融、数据分析和信息技术、零售、软件工程和药品销售等，求职者的年薪通常在65000美元至125000美元。

以上两种公司都是无定金制，只有当客户录用了他们推荐的求职者时，才能获取报酬。无定金猎头公司根据求职成功者的年薪收取费用，通常与求职成功者第一年收入相关，每1000美元收取1%，最高可达33%。例如，如果一家半导体制造商想要招聘一名初级销售工程师，年薪为85000美元，那么招聘成功后需向招募公司支付28050美元，即85000美元的33%。

为防止求职成功者在第一季度表现不佳，无定金猎头公司会给客户提供一定的安全保障期，通常指30天的免费试用期（全额退还客户费用）和90天的更换期（客户可以免费更换求职者）。佣金和保障期限都可以根据招聘岗位的市场需求进行协商。

越来越多的猎头公司能够成功满足客户的需求。因此，与无定金猎头公司合作是一个双赢局面：只有当招聘成功，求职成功者度过最短期限（即通过初始试用期）时，客户才需要支付费用。

**选择二：预付型猎头公司**

不同于无定金猎头公司，预付型猎头公司提供的是独家服务，其目标主要为年薪10万美元以上的求职者。例如，一家拥有800名员工、市值约为

# 第一章

## 员工招聘常用策略

2000万美元的半导体制造商正在招聘一名总经理，要求应聘者具有工商管理硕士学位和国际领域内10年以上的电力电子工作经验。这时，预付型猎头公司就会参与竞标并开始进行招聘工作。

当然，整个国内可能只有50到100人完全符合你公司的招聘标准。这意味着猎头公司必须花大量时间研究你公司的竞争力，确定候选人的姓名和资料，与其洽谈，根据他们的意愿和能力评估他们是否能胜任这个岗位，是否适合你公司的企业文化，是否具有换岗的可能性。

这些招募人才公司的报酬为佣金，他们通常分三次收费：招募前预收三分之一，求职成功者入职30天后收取三分之一，求职成功者入职60天后收取剩余的三分之一——无论是否已经完成招聘。他们研究、寻找并主动评估目前就业市场之外的人才，你需要为他们的专业知识和花费的时间买单。公司内部人力资源招聘部门通常缺乏时间和资源，无法为公司招聘急需的管理人才；同样，他们可能也没有相应的经验或技术专长找到适合这种高级职位的求职者。因此,在这种情况下,将招聘服务外包给第三方机构可能会更有成效。

划重点:若公司要招聘岗位年薪超过六位数且要求条件严格的人员,但时间紧迫且须全力以赴时,建议委托预付型猎头公司进行招聘。你可能不愿意支付定金,因为无定金猎头公司可以免费做同样的工作。这时要注意,一旦无定金猎头公司有了其他更加容易的招聘任务时,他们可能就会放弃当前的招聘任务。相比而言,预付型猎头公司会一直为你提供服务至招聘结束,因为他们已经提早拿到了报酬。

## 选择三:招聘流程外包(RPO)供应商

通过这种方法,公司将招聘工作外包给第三方。在大量职位空缺的情况下,委托外部供应商寻找、面试和聘用新员工更具成本效益(想想采购仓库,那里随时可能需要数百名新员工)。

实际上,任何一家每月需招聘10名以上员工的公司都可以从RPO供应商的服务中受益。RPO

## 第一章 员工招聘常用策略

供应商旨在为客户提供更有效率的招聘服务,其根本目的是降低客户的单次招聘成本,从而使客户专注于提高其核心优势和业务能力。

如果你所在的行业招聘需求波动较大,或者你想更好地应对动荡的劳动力市场,那么招聘流程外包是一个不错的选择。例如,当经济衰退时,公司的招聘需求也会随之下降;同样,当公司发展势头迅猛时,招聘需求亦会激增。通过招聘流程外包可以将部分公司风险转嫁给RPO供应商,因为后者更为灵活、更具规模、有更多机会接触到潜在的人才。

RPO供应商与无定金猎头公司和预付型猎头公司有很大的不同,因为RPO供应商就像公司的内部招聘部门:它管理整个招聘流程并对结果负责。你可以在合同中说明想要外包的具体招聘内容,或者将整个招聘流程打包外包。

RPO供应商不仅可以利用自己的员工,也可以利用客户公司的员工、技术、方法和报告等资源。因此,我们很难估算他们的成本费用,服务的具体费用取决于外包的内容以及你选择的是使用本公司员工，还是外包公司员工。除本书提供的收费模式外，还有其他各种收费模式。

RPO供应商提供的方案是否合适，取决于你是否愿意根据独家协议将整个招聘工作、特定的招聘流程或项目进行外包。这需要你深入、全面地了解当前的单次招聘成本、人才留存率和流失率、求职者的整体素质等。

RPO供应商往往与中小型客户合作良好，尤其是业务发展迅速的公司。这些公司招聘时面临的最大挑战是寻找人才、提高招聘经理满意度、积累管理求职者的经验、响应可扩展性需求，报告绩效以及开发维护就业品牌。在美国企业界，RPO这一模式运用的范围越来越广，发展势头迅猛，值得我们仔细研究。

**选择四：再就业公司的职业发展部门**

再就业公司的服务对象是因合并、收购或破产而进行裁员的公司，主要负责帮助失业人员再

# 第一章
## 员工招聘常用策略

就业。

对再就业公司来说，尽快安置失业人员是最重要的工作，因为为离职高管提供办公电话、求职信和简历的文字处理、行政培训支持等服务需要花费大量资金。据估计，如果不能在六个月之内帮助一名高级职位失业人员再就业，再就业公司就会在这笔交易中赔钱。

例如，当公司因合并、收购或破产而裁员时，可以为下岗员工提供再就业服务，使下岗员工签署放弃索赔承诺书（通常包括遣散费和补缴社会保险等）。服务的费用因员工的岗位级别和再就业服务的时长而有所不同。

这项服务关系到你的招聘过程，因为再就业公司的服务费是由求职者的前任公司，而不是由你这个潜在的新老板支付的，所以这种免费的人才供应可以大大降低你的单次招聘成本。不过，如果你觉得再就业公司推荐的求职者都不合格，那就不要通过这种途径招聘。其实，在这个兼并、收购和资产剥离的时代，很多公司会对整个部门进行裁员，很

有效地招聘

多再就业中心的求职者都是不久前公司聘请猎头公司招募而来的。如果再就业公司没有职业发展部门,你可以问他们是否可以把你的需求发布在他们内部的招聘网站上。再就业公司可以免费提供大量高素质人才,因此与多家再就业公司搞好关系是一个明智的商业决定。

**特别提示**

你也可以从多元化招聘外联资源中获得帮助。将重要的招聘任务发布至专门的招聘网站,不但有助于充实网站的待选人才库和招聘岗位,而且可以使公司在多样化社区中享有更高知名度。从下列资源着手是一个良好的开始,除此之外还有更多其他的资源可以选择:

- 多样性工作网
- 拉丁裔就业网
- 老年人就业网
- 残障人士就业网

# 第一章
## 员工招聘常用策略

- 非裔就业网
- 亚裔就业网
- 本地人就业网
- 退伍军人就业网
- 女性就业网

此外,如果你与招聘广告代理公司合作,他们为了达到你通过他们订购的广告套餐的目的,通常可以建设多样化的外联网站。这是一个涉及面很广的话题,除了多样性、公平性和包容性,还有很多其他内容,本节未能尽数囊括其中。尽管如此,通过这些专门网站,可以提高人们对你发布的招聘信息的认识,扩大与各社区的接触,对扩大多元化招聘大有裨益。

有效地招聘

## 直接搜索招聘：传统招聘模式的替代方案

虽然专业的网络工具（如领英[①]）允许招聘者主动识别、寻找"被动"的求职者（即目前没有求职需求的人），但相较于网络，通过电话联络潜在的求职者具有如下优势：

- 联络到一些不处于求职状态但是愿意尝试新工作的优秀人才。
- 如果联络成功，可以减少招聘费用。
- 有机会与竞争对手公司的员工建立联系。
- 在学习如何主动联系并培养人才的过程中产生成就感，最终有助于建立属于你自己的商业团队，将竞争对手的优势转化为你个人的优势。

---

[①] 英文名 LinkedIn，是美国一个面向职场的社交平台。——编者注

## 第一章
员工招聘常用策略

当然,随之而来的劣势有:

- 如果你被认定为从竞争对手公司"挖墙脚",对方亦会理所当然地挖你的墙脚。
- 如果竞争对手公司的"老朋友"认定你在"突袭"他们,你们的行业关系可能会受到影响。

因此,一般情况下最好将招聘工作委托给猎头公司。不过假如条件有限,一线招聘经理应该努力在竞争对手公司建立自己的招聘资源网,那么该如何实现呢?

假设你是一名财务经理,在为本部门招聘一名财务分析师。通常情况下,你会在公司内部和网络上发布招聘信息广告,在领英上搜索合适的人选,或者委托给猎头公司。不过,在聘请猎头公司之前,你可以尝试通过电话联系所在行业或地理区域内的其他公司。

首先,列出直接与你公司有竞争关系的公司

名单，然后与你的老板和人力资源部门人员讨论是否可以直接联系竞争对手公司的同行，向其介绍你团队的空缺职位。这时候决策层内部要保持完全透明，这一点很重要：如果高层领导和人力资源部人员不赞同这一做法（例如，因为这是行业禁忌），那么你要尊重他们的决定，放弃这种直接联系的方法。

同理，假如公司批准了你的名单，同意你直接联系竞争对手，那么使用电话联系这些公司，询问其财务经理的名字时，你要将他们视为同行。

对方的接线员扮演着"筛选人"或"看门人"的角色，会询问你打电话的目的。直接说你是同行XYZ公司的财务经理，你想向他们的财务经理请教一个工作问题。这样电话就打通了。如果你要找的人不在，记得留下你的姓名和电话号码。一定要把对方的名字记下来，这样当对方回电时，你就能马上想起是谁了！

让我们看一下接下来的流程。当接通对方经理电话时，介绍你自己和公司，表明你打电话的目的。场景类似于：

你好，图利娅（Tulla），我叫保罗·法尔科内（Paul Falcone），我是 XYZ 公司的财务经理。我公司有一个财务分析师的空缺职位，因此我正在尝试联系本市的同行看看是否有合适的人选推荐。这时你可以分享更多关于空缺职位、招聘要求等方面的信息。我想请问你是否认识正处于事业转型期的人，或者感觉在当前工作中停滞不前想要寻找新工作的人。今后我定会对你的这次帮忙予以回报。

当然，这必须是一个敬意满满的电话。你会从中得到额外的好处，因为这个电话将帮助你与同行建立良好的关系。记住，打电话时不能带有任何侵犯或威胁的意味。这实际上不过是一次善意的联络。因此，如果以后此人为了类似的目的打电话给你，你大可不必感到惊讶。

这类电话没有什么秘密可言，与对方联络时开诚布公才能行之有效。如果你只打了五到十通电话就得到一到两个试探性面试,那么恭喜你,你做得很棒!如果你的尝试不成功,那么告诉你后续委托的猎头你已经联络过的公司名单。这就是智能联络的全部工作内容。简言之,电话联络之前首先要征求上级主管或部门相关人员的同意。有些公司在任何情况下都不喜欢员工直接与竞争对手接触,所以在你联络之前最好先得到老板的批准。

## 第一章 员工招聘常用策略

# 根据个人喜好招聘：建议与忠告

第一节谈到了根据个人喜好招聘的问题。然而我们需要注意，求职者最初的讨喜程度并不一定等同于他在工作上的契合度，招聘者应该将这作为评判求职者是否能进入最后一轮面试的最后一个标准，而非首要标准。由于这一点在筛选求职者时非常重要，接下来我将对此进行详细说明。

首先，我们聊聊"忠告"部分。我做过两种工作：一种是收费猎头公司的招聘人员，另一种是企业内部的招聘人员。很多时候，对于我推荐的求职者，招聘经理仅仅面试他们十到十五分钟就欣喜若狂。在这些案例中，我发现招聘经理并不真正懂得如何面试。毕竟，面试很复杂，没有人能在如此短的时间内判断出哪些求职者会脱颖而出。招聘者纯粹是基于个人喜好而急急忙忙地对求职者做出判断——比如他们彼此之间有多少共同点，谈话中是否投缘以及在对方自我介绍后是否感到舒畅愉悦。

这就是面试和招聘中的陷阱。作为一名招聘经理，只有你了解了求职者在沟通风格，节奏，对结构、方向和反馈的需求，接受批评的能力等方面与公司的匹配度，你才能真正确定你对求职者的满意程度。

实际上，在猎头公司工作期间，我们发现约有20%的新员工无法通过公司（我们的客户）最初的试用期。为什么？我们对客户公司的招聘经理和人力资源招聘团队进行了随访，发现新员工在九十天试用期内离职，并非是因为他们缺乏技术技能，而是因为性格不合适。也许新员工过于敏感，无法与同事相处，不愿在规定的时间内工作，或者需要过多的监督才能独立工作。因此，在招聘过程结束前，即在将求职者推荐给招聘机构之前，我们应该筛查出求职者在人际关系和个人性格等方面的缺点。因为作为猎头公司，我们提供的真正价值在于将求职者的个性与企业的文化相匹配——这才是"匹配"的真正含义。

在随后的职业生涯中，我一直使用此策略，并

## 第一章
### 员工招聘常用策略

且成绩斐然。作为一名人力资源工作者，我曾为一线经理人提供面试提问技巧的培训，帮助他们提升面试能力。最后，我邀请他们和我一起给求职者的前任主管打电话做背景调查，这样他们可以听到对方的反馈，直接与对方交谈，然后决定是否录用求职者。并非所有招聘经理都会接受我的邀请，但是那些接受我这个建议的经理很快就能发现其中的价值，并且非常想知道在不亲自参与背景调查的情况下，该如何在职业生涯中做到这一点。

我强烈建议大家：不要急于求成。反复练习你的面试技巧和你认为有意义的问题。坚持实践，根据面试问题，在背景调查时向求职者的前任主管询问解惑。没有什么可以保证招聘成功，但是如果你能够有目的、有意识地参与招聘过程的各个环节，你就能够提高招聘的成功率。

下列问题的亮点在于它们能够应用于以下两个方面：

- 第一，他们打开了与求职者开诚布公地进行沟通的大门。
- 第二，在背景调查过程中可以向求职者的前任主管询问这些问题。

换言之，可以先让求职者回答这些风格各异的问题，然后在多轮面试结束后（正式发出录用通知之前）由第三方进行审查。下列问题具有这种双重作用：

从入职第一天开始，什么样的公司结构和监督能给予你最大的支持？你是喜欢有明确指导和即时反馈的结构化环境，还是自主、独立、"不干涉"的上下级关系？

在招聘这一职位时，我们在候选人的工作质量和数量之间寻找平衡。尽管如此，大多数人还是侧重于某一方面。你通常重视工作质量吗？

说说你接受建设性批评的能力。当被批评时，你会感觉受到伤害了吗？我是否应该在发布坏消息时更加谨慎？还是你会为自己的"厚脸皮"而感到自豪？

# 第一章
## 员工招聘常用策略

就工作节奏而言,你感到自如、会更有效率的工作场所是:

适度的、可控的、可预测的环境;
有截止日期和时间限制等压力的快节奏氛围;
一种"超空间"、混乱、进行"危机管理"的文化环境。

你如何描述你日常与同事相处的方式?我不喜欢"态度"一词,因为它的含义太多,但是别人如何评价你在工作中的整体表现?有时候你情绪不佳,同事会注意到吗?他们会怎么做?

为了完成工作,你一周需要工作多长时间?这个问题的回答并没有对错之分:我只是想了解你以往的工作时间,以及你希望以后的工作时间是多少。

曾有人批评过你的可靠性吗?这里我关注的不是旷工和工作拖沓问题,我是想知道你如何评定自己的整体可靠性,包括能否准时到岗,能否在预期

**有效地招聘**

之内完成项目等。

在职业生涯的当前阶段,你工作的最大动力是什么?

有没有什么事情通常会让你感到放松或困扰?从 1 分到 10 分打分,10 分为满分,你给自己的综合能力以及对公司所做的贡献打几分?

当然,这些问题也适用于你要招聘的其他职位。对于销售人员和科研人员,你需要提出不同的问题。例如,面试高级职位求职者的问题有:

你的管理风格是倾向于专制式、家长式,还是参与式、与员工建立共识?

如果事先没有得到批准,你会怎么办?你是习惯于先向上级汇报,还是会先采取行动,全权负责,独立承担全部责任?是否曾经有人指责你在事后请求原谅,而非在事前请求批准?

回顾过去几年的表现,你在协调公司各职能部门方面取得了多大成绩?你最关注的是哪个部门?哪个部门被你无意识中忽视了?

## 第一章 员工招聘常用策略

你如何评价自己应对高级管理中重大压力的能力?

你是否曾经在处罚或解雇员工方面犹豫不决?

在别人眼中,你面对问题的能力和意愿总体上是积极主动的还是消极被动的?

你最强的工作能力是沟通交流、团队建设,还是费用管理?

当前工作中让你最快乐的事情是什么?是什么激励你每天早上起床去上班?

认真思考面试问题并预测求职者的回答很重要。一定要记住,大多数新员工的失败并非是因为他的技术不达标,新员工入职早期的离职多是因为他与公司在领导力、沟通以及团队合作等方面的核心价值观不同。简言之,商业风格不匹配导致了新员工的工作失败。在面试过程中,要尽早讨论这些问题,然后在背景调查中确定你的判断。采取这样一种诚实、透明的方法评估、筛选求职者,招聘的成功率将会大大提升。

## 电话筛选：确定参加面试的求职者

电话面试是众多求职者推销自己的机会，同时也有助于招聘者在短时间内（十到十五分钟）初步确定求职者是否适合招聘岗位而无须做出太多承诺。很多招聘经理表示，电话筛选将面试人数减少了40%。

电话评估的难易程度通常取决于求职者的简历等资料提供的信息量多少。提供的细节越多，选择就越容易。然而，并非所有求职者都是写简历的高手，或者擅于在网上突出个人成就。当然，你也不想因为他们不擅长在纸上推销自己而错过潜在的优秀人才。很多计时工或刚刚踏入就业市场的求职者可能只会简单介绍他们主要的工作职责，而没有提及其在工作期间获得的成就。还有很多求职者未在简历中谈及自己以前公司的定位、规模或者对上级的直线汇报和虚线汇报关系。这些信息都明显有助于招聘过程，所以你需要亲自筛选。

## 第一章
员工招聘常用策略

电话筛选有五个主要方面，每一个方面都很重要，因为任何一个方面都能让求职者出局。电话筛选时确保核实以下主要事项：工资期望值是否合适、出差是否过多、求职者是否可能因为合同或个人原因不能在六个月之内入职。这些信息都要弄清楚，你提前获取的信息将有助于你准备现场面试。

**招聘要诀**

打电话之前，首先确定两到三个（或三到五个）最重要的招聘岗位的核心条件，以确保你能够和求职者达成共识。当然，这在很大程度上取决于招聘的是计时工还是技术人员。所以至少需要确认求职者是否可以参加面试，是否可以准时入职，是否有固定的工作时间（尤其当你招聘的是轮班或夜班人员时），对软件的掌握程度，等等。如果求职者达不到以上任何一个要求，就会失去被录用的资格。

**求职者的核心资质**

应该将招聘要求与求职者的核心资质进行匹

**有效地招聘**

配。特别注意筛选过程中主要的不匹配之处——例如,西班牙语不流利、没有学士学位、缺乏 Photoshop 或 Adobe Creative Suite 使用技能,等等。总体而言,如果求职者达不到前三项要求中的两项(或者前五项中的三项),那么你最好放弃对他进行现场面试,继续寻找其他合适的求职者。

此外,你还需要根据招聘岗位,询问求职者简历上或者求职网站上的资料中没有提及的信息,例如对方现在就职的公司的员工数量和负责的具体工作,因为这些都是很重要的因素:

- 上市公司或私营公司。
- 公司规模,无论是收益方面还是员工数量方面(或两者都有)。
- 汇报关系(主管职位、直接下属与间接下属职位、部门规模):注意区分直线和虚线汇报关系,明确下属的人数和职位。

# 第一章

员工招聘常用策略

**寻找新工作的动机**

你需要确保公司给予求职者的机会从短中期来看是有意义的。只有当求职者的职业需求符合公司对员工工作高效性、连贯性和持续性的需求时,才能确定一段新的聘用关系。

从面试开始,注意可能出现的任何令人担忧的危险信号(例如,"我现在的公司正在考虑给我升职,但我不确定是否留下来"),要特别留意求职者是否在工作时间、工作地点或其他方面犹豫不决。

**薪酬期望值**

有些招聘者会在第一次电话筛选时说明他能够给予求职者的基本工资和其他收入(例如,预期加班费、奖金目标),这样双方就不会因为面试而浪费时间。薪酬通常是预算好的,大都不会超过规定的上限,所以从一开始就把这个关键问题摆在桌面上是可取的。事先确认公司商讨薪酬的方式,尤其是电话筛选阶段。

### 入职时间

这一标准的重要性显而易见，因此电话筛选时，确保求职者在日程安排、轮班和出差方面有适当的灵活性，符合你的期望。对于职位较低的员工，还需要讨论通勤距离是否合理。

特别需要注意：那些急于找到工作赚钱的求职者会很快接受一份离家八十公里或单程需要花费九十分钟、倒三次公共汽车的工作。不过，尽管他们愿意加入你的公司，但从长远来看，过长的通勤时间对他们来说并不现实，因此当他们一旦找到离家近并且薪酬相当的工作单位时，就会辞职。当然，通勤时间是否合理、在车上或者飞机上花费多长时间，取决于职位的性质和可能提供的薪资津贴。不过，这个问题值得一问，因为这是员工前六个月或一年内离职的最大原因。

# 第二章

# 进行"高概率"招聘的面试策略和问题

鉴于许多高管、经理和主管从未真正学习过面试技巧，因此，本章旨在介绍成功招聘的必要知识。本章的前几节整体概述了面试知识；中间部分讨论了面试特定类型求职者的策略，包括技术人员、远程工作人员、自由职业者和外包员工、销售人员和业务拓展人员、上级主管、经理、总监等；最后介绍了如何面试你的下一任老板——这本身就是一门艺术！

第二章
进行"高概率"招聘的面试策略和问题

# 如何进行有效面试

很多人,即使是高层管理人员,也从未学习过如何进行有效面试。许多人力资源经理发现招聘经理通常使用以下问题作为面试的开场白:

请介绍一下你自己。
你最突出的优势是什么?
举例说明你曾经在工作中克服困难的经历。

即使在同一家公司,招聘经理们的提问技巧也往往缺乏一致性。面试开始时,没有开场白,往往非常尴尬,招聘经理的面试策略也会失去章法。

面试一开始就进入问答模式,不利于与求职者建立融洽关系、寻找共同点,无法让求职者感到放松、受欢迎、有机会入职,而这些对建立良好的面试关系来说至关重要。如果面试很快进入正式的问答模式,会让面试气氛显得正式、严肃,导致求职者不愿意表现出真实的自我。面试的目标应该是让求职者感到舒适自在，对你产生信任，以积极的态度讨论自己的弱点。分享弱点可以建立信任，而你的最终目标是透过简历了解求职者的真实情况。

那么，我们该如何实现这一目标呢？到底问什么样的问题才能让求职者感到舒适自在，愿意分享更多的个人信息（例如，他们的短期、长期职业目标）呢？怎样才能了解求职者愿意加入你的公司而非对手公司的原因呢？在讨论破冰技巧、提出上述面试问题之前，我们首先需要了解一下面试流程。前后统一的面试流程有助于你（面试官和人才评估者）专注于招聘要求，对比筛选标准，让求职者感到自在并能够了解你的领导风格。

以下几步可以帮助你制定自己的面试模式，顺利开展讨论，帮助求职者评估自己是否适合你的公司及其部门和团队。毕竟，有效招聘取决于整体的匹配度——求职者的职业、个人兴趣能否满足招聘岗位的需求。假设面试时间为一小时，将你的面试风格、面试步骤与下面的模式进行比较，看看与这

## 第二章
### 进行"高概率"招聘的面试策略和问题

个经典框架有哪些互补和不同之处：

第1步：说些开场白，活跃气氛（三分钟）。

第2步：询问求职者的职业兴趣和专业发展（五分钟）。

第3步：查看简历以了解求职者之前任职的公司与岗位（十分钟）。

第4步：询问与求职者专业、职位相关的问题，包括行为面试（十分钟）。

第5步：询问求职者的匹配因素、个人和职业兴趣、整体匹配性等常规问题（十五分钟）。

第6步：角色扮演辞职挽留（二分钟）。

第7步：询问求职者的薪酬期望值和下一步计划（三分钟）。

第8步：分享公司、职位、团队、新工作面临的挑战等信息（十到二十分钟）：这是你宣传公司的有利机会。

如果你的面试时间只有三十分钟（而非一个小

时），根据上述每一步的百分比分配时间，确保面试时间安排合理。

务必注意：在第 8 步之前不要提及公司或职位的任何信息。许多面试官在面试一开始就直奔公司的历史、参与者、历史成就、慈善使命以及其他许多方面，在这种情况下求职者除了点头表示赞同外几乎无话可说。同样，如果面试一开始就过多谈论招聘岗位面临的挑战，可能会让求职者猜到接下来回答问题的套路。

相反，一般情况下，面试官应该遵循"二八开"原则，即面试开始时求职者回答问题占用80%的时间；等到问答环节完成（大约第 8 步），面试官利用剩余的 20% 的时间谈论个人观点、智慧箴言、职业建议，等等。

另外需要注意，许多面试官在第 3 步就开始提问了。面试一开始他们就直接提问简历上提到的技术性问题，没有给求职者一个过渡的机会介绍自己，无法让他们说出该职位最吸引人之处以及申请此职位的原因。虽然在大多数情况下，第 1 步和第

## 第二章
### 进行"高概率"招聘的面试策略和问题

2步总共只持续五到十分钟,然而这对建立信任和融洽关系有很大帮助。不要忽视这一关键环节。训练自己,重新设计面试,在谈论技术和策略之前将重点放在求职者的兴趣和职业需求上。

到了第4步时,你可以与求职者谈论专业方面的话题,了解对方知识的深度与广度。对于不同类型的求职者你应该设置不同的问题,例如,护士、平面设计师、人力资源师、财务和信息技术专业人员、销售和市场助理、安全专家、银行贷款经理、索赔调解员以及其他招聘岗位。没有人能够掌握所有领域的专业知识,所以面试中你可以提问你认为与这个职位相关的任何问题。

如果面试前你和老板、同事没有讨论过具体的面试问题和方案,那就坐下来,一起制定一个简短的问题清单,列出所有人都认为重要的问题。毕竟,一名优秀的房地产估价师应该必须愿意跨栅栏、爬屋顶、吓退凶猛的看门狗。这听起来虽然有点乏味老套,但是使用这些常识问题分析求职者,对找到合适的人选来说大有裨益。

## 面试破冰：建立融洽关系与信任

一旦你对面试流程有了较好的了解，接下来你就应该尝试与求职者建立融洽关系、调整面试气氛、准备面试的基本问题。如何在面试一开始就让求职者畅所欲言？你可以从一些与业务相关的话题入手，让求职者能够轻松分享更多个人信息，展示他们最好的一面，例如：

说说你找工作的经历：是什么让你想要找一份新工作？你有什么求职经历？

你选择下一个职位或公司的标准是什么？在职业生涯的当前阶段，你最重视的是什么？

除了我们公司，你还考虑了哪些公司？你对公司的规模大小有要求吗？你喜欢私人控股公司还是上市公司？找工作时，你最看重公司的哪些因素？

你也可以围绕求职者感兴趣的行业或者你正

## 第二章
进行"高概率"招聘的面试策略和问题

在应聘的职位提出类似的问题。面试开始时,讲一些风趣幽默的开场白有助于营造轻松、个性化的氛围。如果面试并不是以正式的问答形式开场,求职者会感觉更自在,更愿意谈论自己的个人经历。开场白旨在确立面试的基调。要想让求职者畅所欲言,就必须营造出更为个性化、透明化的面试氛围,从更私人的角度展开对话。

如果求职者是初级员工或小时工,你可以换个开场白,问一些更幽默、更令人愉快的问题,以此建立融洽的关系与信任感,比如:

调查发现,很多人认为只有两件事情比面试更讨厌:死亡和纳税。你也是这样认为的吗?或者说,你实际上喜欢面试更多一点,对不对?

对于高级职位求职者,为了表示对其专业知识和组织设计能力的尊重,你可以问下面的问题:

开始之前,让我们先互换一下角色。当你代表公司招聘时，你通常看重的是什么，是求职者的背景、经历还是整体素质？面试求职者时，你喜欢什么或者不喜欢什么？

介绍一下你所在部门的内部结构以及你的职责，包括直线汇报和虚线汇报、你的直接下属和间接下属，以增进我对贵公司组织结构的了解。

当然，面试开始时你可以问一些反映个人风格、性格和个性的问题来开启对话，但要确保这些问题容易回答且有吸引力。这样不仅你自己感到自在，求职者也会很放松，这样他在回答问题时就能秉持开诚布公和乐于分享的态度。很多时候，面试官忙于正式的问答，没有给求职者机会表达真实的自己。其实求职者很想知道与你合作是什么感觉。不要低估这种人际关系的强大影响力，因为这是求职者选择你而非他人的最终决定性因素。

## 进行高情商面试：通过"求职辅导"法了解求职者的内心想法

如前所述，许多老板过早地开始面试环节："介绍一下你自己……""举例说明当你……"说完这些，就进入了常规的正式问答模式。然而，这时候面试者和被面试者的关系并不能适应这种模式。因此，首先关注求职者的职业需求和抱负是更为实用、明智的方法。让他们聊聊自己的长期职业目标，这样你的初始信息交流才会更有意义——即使是和第一次见面的人。

这种"求职辅导"法把求职者的需求置于面试者的需求之上，是评估求职者的一种高情商做法。这种方式有助于建立即时的融洽关系与好感，将面试变成一次更开放、更坦诚的对话，既关注求职者的需求，也关注公司的需求。毕竟，当求职者来面试的时候，你已经确定他们符合招聘职位的技术要求。到底谁才是最适合公司的人，最终取决于他们的性格特点、人际交往方式和业务风格是否与公司的文化、特色相匹配。

与面试开场白和电话筛选一样，你可以接着问：

请详细介绍一下你的求职经历：你为什么想换工作？目前你最看重的是什么？

当你第一眼看到我们的招聘信息时，最吸引你的是什么？

如果你接受一份工作邀请，你认为最重要的标准是什么？请说出2~3条。

对于正在考虑平级调动的求职者，你可以问：

你现在的公司需要做出哪些改变，你才会考虑继续留在那里？

你是否曾经向现任老板公开表达过你的担忧？他们是否知道你正在另找工作？如果他们知道了，会为此感到惊讶吗？

## 第二章
### 进行"高概率"招聘的面试策略和问题

对于职业转型中的求职者,你可以试着问以下问题:

到目前为止,你找工作的途径是什么?你是如何调查就业市场的?你有什么发现?

对于职业转型中的求职者,你有什么建议可以与之分享?

最后,在面试即将结束时,你可以问:

假如你接受了这个职位,并且五年后又需要寻找新工作,那么当谈及为何选择我们公司时,你会如何解释?换言之,这份工作对你未来的职业发展有什么帮助?

你还应询问求职者换工作的动机,当前阶段他们最看重的是什么,公司将如何促进他们的职业发展。大部分求职者都会喜欢这种公开坦诚的态度。

例如,你还可以这样问:

你选择下一份工作最重要的三个标准是什么？

通常，选择一份工作最重要的三个标准是行业领域、公司和同事。你认为哪一个是最重要的？

除了我们公司，你最中意的其他三家公司是哪三家？你最想应聘什么职位？

当你找工作时，我们公司的哪些方面吸引了你的注意力？你觉得我们公司正在招聘的职位是什么样的？

这些问题可能会让求职者感到困惑，因为可能从来都没有招聘者要求他们详细阐述这些想法，但是这将为建立你们之间的亲密关系打开一扇门。求职者离开的时候会想："哇，我从来没有面试过这样一家公司，对我和我的职业生涯如此感兴趣。我真得认真考虑一下这件事。如果他们把求职者的需求放在第一位，那么应该也会以同样的方式对待自己的员工。"简言之，引导求职者进行职业内省有助于尽早向求职者传递善意并建立信任。从某种程度来说，首次面试就讨论职业和专业发展是建立任何

## 第二章
进行"高概率"招聘的面试策略和问题

职业关系的有效方式,同时也会让对方明白你对阶段性(即每季度)绩效检查和目标评估的期望值。在这样一段全新的关系中,两三个恰当的问题对建立彼此间的融洽关系和信任的作用竟是如此惊人。想想看,你只不过才面试了八分钟!

# 不是技术专家的你：该如何面试技术类求职者

即便是颇有自信的招聘经理也会觉得面试技术人员是一件令人胆怯的事情。当你负责面试、推荐或聘用具有更高专业能力的技术人员时，很容易感到力不从心。然而，你却不得不在职业生涯中的某个时刻做出聘用或不聘用某个人的决定。你可以这样做：

面试一开始就表明你对该领域并不是很了解，让求职者根据自己的标准进行自我评估，这样你就无须假装了解他们的专业知识。同时，求职者对自己的资质、潜力、职业发展、已有成就和缺点进行自我分析，从中你就能获取足够多的信息对他们进行评估。

假如你正在招聘一名实验室技术人员，负责基因测序，是团队中的重要职位。你可以这样开始面试：

## 第二章

进行"高概率"招聘的面试策略和问题

"劳拉（Laura），作为本部门的业务经理，我把更多时间花在实验室的幕后管理上。我的专业是微生物学，但我不太熟悉基因测序技术。我希望你用通俗的语言说明你正在做的工作，你就当我一点都不懂生物化学知识。这样可以吗？""当然可以！"

然后，让求职者根据自己的标准进行自我评估。此外，让他根据产品线、计算机系统、研究方法等方面的差异，谈谈从现任公司跳槽到你的公司所面临的挑战。你可以继续问以下问题：

"你目前的实验室专攻基因组测序；而我们的实验室，如你所知，研究的是肿瘤遗传学。从基因测序的角度来看，你认为来我们实验室后，你的工作将有什么变化？"

然后，让求职者评估自己的技能。可以这样问：

"从1分到5分进行打分，满分为5分，你给自己的技能打几分？如果 1 分代表在行业内技术水平不高，5 分代表在行业内处于领先地位，那么你会给自己打几分？"

基于个人的经历和对应聘岗位的满意度，大多数求职者会给自己打 3 到 4 分。很少有人会给自己打 5 分，因为他不想给人留下自大傲慢的印象。如果他给自己打了 3 分或 4 分，你可以接着问：

"你为什么给自己打这个分数？"

然后问：

"你认为怎样才能得到 5 分？"

这时候，你已经获得了足够多的信息，可以判断出求职者的背景与理想资质之间的差距。不过，为了进一步弄清楚"技术匹配"的问题，继续问下一个问题：

## 第二章
### 进行"高概率"招聘的面试策略和问题

"工作初期,为了你能够在这个岗位上发挥技术特长,公司应如何最大程度地帮助你?如何才能帮你找准方向,深入了解公司结构?

接受这份工作对你的专业和职业发展有什么帮助?换言之,作为你职业发展中的一个良好举措,这份工作将如何充实你的简历?"

掌握了这些信息,你就可以满怀自信地评估求职者,判断其技能是否与岗位要求相匹配。此外,不要低估了这样一个事实:大多数求职者在遇到那些不熟悉他们的工作类型或具体研究领域的面试官时,都很乐于向对方"教授"知识。让求职者有机会解释他们的职责特色和日常工作不仅对他们有益,而且也能为你提供有用信息,准确判断他们总体上是否适合招聘岗位。

# 有效面试远程办公员工

远程办公为企业招聘和员工就业提供了很大的灵活性，但是由于员工与你不在同一个办公室、同一栋大楼甚至同一个市工作，因此需要一套不同的面试技巧来找到最合适的人选。分散式劳动力使得招聘和管理工作更加复杂，需要管理者不同的管理技能，对员工也有不同的要求。管理者担心他们无法了解员工的工作时间和付出的努力，同时员工因为"人走茶凉、离久情疏"而产生被孤立感，这成为处理远程工作关系所独有的挑战和障碍。远程办公的员工可能会因缺乏安全感而不能投入工作，或者认为他们的职业选择受限。

在招聘远程办公员工时，应该将远程办公所特有的优点最大化，缺点最小化。因此，为了筛选出能够在这种工作模式下发挥个人特长的求职者，面试问题就显得极为重要。

## 第二章

进行"高概率"招聘的面试策略和问题

## 求职者有远程办公经历（优先选择）

- 你以前有没有混合办公的经历（每隔一段时间去一次办公室）？还是全部时间都是远程办公（甚至从来没有见过上级主管和同事）？你更喜欢哪种工作方式？
- 你为什么喜欢远程办公？你认为理想的远程办公工作关系是什么样的？
- 你之前担任的远程办公工作职位对你的具体要求是什么？
- 我发现最优秀的远程办公团队成员都是积极主动的：举例说明你是如何激励自己投入工作的。
- 根据你的经验，远程办公会不会影响你的工作专注度？如果会，你是如何解决这个问题的？
- 你的同事中有没有人觉得有孤独感、孤立感或疏离感？如果他们需要你的帮助，你会提供什么建议？

### 求职者没有远程办公经历（不推荐 / 有风险）

- 你认为远程办公的优点和缺点是什么？
- 你对远程办公最感兴趣的是什么？
- 和老板、同事不在同一个地方工作时，你最担心的是什么？
- 很多人不需要公司事无巨细的管理、关注或激励就能高效地进行远程办公。如果没有这方面的经验，你如何做到这一点？
- 远程办公时，你认为怎样才能维持优异表现？你会重点关注哪一类成果？

### 反馈和沟通

- 你是如何与主管、同事保持联系的？你以前是否参加过公司的网络会议或线下会议？
- 为了避免脱离群体，你是如何与同事进行联系、交流的？
- 有些领导者担心不能亲自监管工作，不确定远程办公的工作是否已经完成，从而影响远程办公的效果。你如何才能让领导放心?
- 考虑到每天的工作量,你希望从主管那里得到多少关于公司结构、发展方向和工作反馈等方面的信息?
- 为了让我相信你能达到并超越我对你的期望,你会采取何种方式与我保持沟通?

**准确设定期望值和衡量标准**

- 你曾采用过哪些衡量标准?是记分卡、关键绩效指标,还是客户满意度调查?哪一种最适合你?
- 工作职责说明概括了你的工作内容,业绩期望值体现了你的工作表现。你过去有过什么样的业绩期望值?你如何量化成果?
- 我发现优秀的远程办公员工往往会为自己设立目标——清单、个人指标数据、季度业绩日历,等等。你过去曾用过什么方法评估自己的表现?(如果没有的话,你希望用什么方法展示自己的目标进程和结果?)

- 上级主管在绩效评估和一对一反馈中认为你在远程办公工作中的强项和不足之处分别是什么?
- 当你汇报最新的项目成果或交付成果时,你用什么方法让直接上司做好准备,了解实情?
- 远程工作时,你通常如何庆祝成功?如何享受团队成员之间的社交乐趣?

在管理远程办公员工时,沟通应该力求清晰、透明、彻底。对他们的团队合作和运作协调标准需要高于那些你能日常监管到的员工。这种灵活的工作模式有助于建设更大的人才库,你可以在其中撒网招聘,在紧张的劳动力市场上占得先机。但是你必须确保已经设定了明确的期望值,在需要调整或改变方向时坚持和员工沟通,在员工取得进步时予以认可,以鼓励他们充分投入工作,提升他们对工作的满意度。

## 第二章

进行"高概率"招聘的面试策略和问题

# 招聘自由职业者和独立承包商

目前,聘用自由职业者的趋势日益明显,以下问题可以帮助你在评估此类求职者时做出更明智的决定。总体而言,你需要重点关注求职者的资格预审、沟通风格、业绩预期、费用结构以及合同中规定任务的收尾和后续工作。这一点在招聘自由职业者时尤为重要,你应该在他们开始工作之前解决好这些关键问题。

### 初步意向和资格预审

- 你能在这个项目上投入多少时间?
- 你需要多长时间交付项目?
- 在与我们合作期间,你手中还有其他项目或需要优先完成的工作吗?
- 基于我们的需求,你如何帮助我们完成项目?你能预见到什么障碍?
- 就战略、效果和效率而言,你通常如何启动一个项目?你通常供职于何种规模、哪种类型的公司(行业类型、是否为营利组织、是否为国际组织、是否为创业公司等)?
- 在你已经完成的项目中,有哪些与我们公司的项目相类似?

**沟通风格和业绩期望值**

- 你如何确保沟通、协作和责任成为顾问与客户关系的一部分?
- 如果你成功竞标了这个项目,你将如何展开工作?工作第一天你会做些什么?
- 如果你在最后期限之前无法完成任务该怎么办?你会提前多少时间通知我们?或者你觉得我们的时间安排是否合理?
- 你通常是如何衡量结果,尤其是关于预期的关键绩效指标和阶段性成果,并与老板进行沟通的?
- 在你之前的客户眼中,你是否能够在质量与数量之间找到平衡？他们如何评价你的工作能力和沟通风格？

**衡量、责任与费用结构**

- 在你参与的项目中，哪一个与我们这个最相似？那个项目的最终结果怎么样？我们的项目可能会遇到什么样的挑战？
- 从 1 分到 10 分打分，满分为 10 分，与你之前的工作相比，我们这个项目面临的挑战为几分？这个项目中有没有你不太熟悉，或者需要借助额外资源或分包商的地方？
- 你通常是如何依靠自己的能力解决困难的？
- 你是如何始终将工作放在首位的？你是如何全身心投入到项目当中的？
- 你是如何收费的？基本费用中通常包括什么？不包括什么？
- 我想和你在这个领域的两三个介绍人谈谈：你会推荐谁？你能帮我打通电话吗？

**工作收尾与后续工作**

- 你完成的项目中有多少是按时并在预算之内完成的?
- 如果你成功完成了这项任务,你最终会交付出怎样的成果?
- 谁将拥有交付成果的知识产权?
- 从 1 分到 10 分打分,满分为 10 分,你对这个项目有多感兴趣?
- 我们该如何根据项目中期成果进行分期付款?何时付余款?

员工的敬业度、自我激励能力和责任感应该成为面试官评估所有级别员工的标准——无论是全职员工、弹性办公工员工还是临时工。一定要寻找那些能够按时履行职责的员工。

## 第二章

进行"高概率"招聘的面试策略和问题

# 招聘销售和业务拓展人员

面试销售人员是最具挑战性的面试之一,销售人员对你公司的盈亏有很大影响。相较于其他面试,面试销售人员充满了不确实性,因为销售人员能说会道,即使在冷场情况下也能临危不乱——这也正是你面试他们的困难所在。

评估销售人员没有任何固定的问题和答案,你的问题必须根据情况灵活多变,以求初步了解求职者的业务方式——这些问题涉及驱动力、干劲、冲动、纪律和敬业程度等方面。

### 如何在诸多客户经理中保持个人业绩的竞争力?

销售人员是典型的利润型员工,以达成交易为目标,通过行业内排名进行自我评估。业绩越高的人,要求的职权也越大。他们追求的是丰厚的佣金或长期的管理者职位。

相比之下,那些业绩不稳定的销售人员因为收入不高而频繁跳槽。他们业绩不好往往是因为不能与客户建立融洽关系、识别潜在客户的需求、区分产品的功能与好坏、克服反对意见，最重要的是，达成交易。因此，你的任务是找到他们从当前公司离职的真正原因以及想要加入你的公司的原因。

在回答这个问题时，求职者通常会根据业绩给自己排名。显然，那些排名靠前的人会乐意与你分享他们的成就。对于这些求职者，你的面试时间主要用于询问他们是如何达到并维持行业顶尖水平的，以及如何做到"百尺竿头，更进一步"。

相比之下，那些没有达到业绩基准的销售人员会立即给出他们业绩不高的原因。有些理由是可接受的，但有些几乎没有可信度。只有你自己知道在你的领域里，何为卓越，何为平庸。你和那些业绩垫底的求职者打交道，就意味着你要用慧眼识破他们找托词的套路。在同类公司短期任职的员工通常意味着该员工的工作表现和业绩不稳定。在这种情况下，你应该立即保持警觉，谨慎行事，并从下列角度权衡他们的答案。

## 第二章

### 进行"高概率"招聘的面试策略和问题

**你最常遇到的两种反对意见及其处理方法**

听一听求职者是如何应对类似下面拒绝推销的情况的：

- 我们不需要你的产品。
- 我们对目前的供应商很满意。

无论是哪个领域，这样的搪塞往往会让销售人员望而却步，所以你要做的第一件事情就是观察求职者如何信心百倍地应对这种拒绝。毕竟，在与新客户建立融洽关系的过程中，说服力起着重要作用。第二件事情是要观察求职者有无创意。如果他的回答听起来与别人的千篇一律，那么很可能他从未认真考虑过怎样才能让自己的产品或服务与众不同。

因此，要小心那些不断重复这些陈词滥调的求职者：

- 我相信我们一定能提供给你更有竞争力的

价格。
- 改变总是好的。请给我一次向你展示自我的机会。

这些陈词滥调通常对拓展公司的新业务没有什么帮助。

相反,你应该寻找那些能够给出创造性见解,而非浮于表面泛泛而谈的求职者。作为销售人员,只有善于利用自己的背景和学识为客户谋取利益,才能在开发新客户领域时保持优势。同样,只有将客户利益置于销售之上才能建立客户对销售人员及产品的好感和信誉。大多数销售人员不了解客户的业务,因此你要寻找的是那些做足功课、并对潜在客户进行合理研究的求职者。销售人员从解决问题的角度展示服务,在销售过程中耐心、友好,才会打动潜在客户。无须刻意推销,取而代之的是与客户建立长期关系的决心。老练的销售人员以建立关系为导向,他们的业绩一定会超过那些急于达成交易的推销员,因为后者的眼里只有本月的营业额。

# 第二章
进行"高概率"招聘的面试策略和问题

## 你如何定义自己的交易风格?

如果推销不成功,说明销售人员无法说服潜在客户采纳他们的建议。成交技巧源于个人天赋,无法后天教授。因此,销售人员通常要么反复推销,最终客户耐心被耗尽而达成交易;要么解释清楚为什么客户需要此产品,然后诱使客户"达成交易"。

这两种方法都有效:销售领域多种多样,没有一种交易风格可以称为最佳。虽然顶级的销售人员通常属于积极出击型,但是还有许多成功的销售人员属于温和劝说型(尤其在与更老练的客户打交道时)。你到底需要哪种风格的推销员,最终取决于公司的产品线和企业文化。

求职者通常会说,他们能够调整自己的交易风格,以满足潜在客户的需求:这是一种含糊不清的回答。为了获取更多信息,你可以让求职者对自己的促销技巧进行打分。从 1 分到 10 分,10 分代表积极出击,1 分代表非常温和。

其他能够体现求职者交易风格的问题包括:

- 说说你最近一次棘手的销售经历。你的销售经理有没有指责你不应该与顾客争论,而应该尝试说服他们?
- 你上一次因为坚持己见而交易失败是什么时候?你认为哪种情况下放弃交易是明智的?
- 客观评价你的交易风格。你会不会有时候对一单交易犹豫不决?如果有,哪些因素或客户会让你止步不前?

**在数量和质量之间找到一个平衡点。哪种理念更适合你的销售风格?**

大多数销售人员都会告诉你,他们能够在质量和数量之间找到平衡点。然而,大多数人都有侧重点。顶级销售人员通常更加追求数量。他们达成交易,从不回头。如果幸运的话,他们会指派一个很棒的助手来做收尾工作,或者腾出时间亲自处理,但那时候所有交易可能已经接近尾声了。

相比之下,那些认为自己更加注重质量的销售

## 第二章
进行"高概率"招聘的面试策略和问题

人员虽然达成的交易较少,但是所有细节都被清晰地记录下来。他们花时间跟进客户,以确保客户的满意度。他们的文书工作一目了然,便于查询。他们建立了稳固的销售基础以提升未来业务,并为之感到自豪。是的,这一类人需要花费更长时间达成一笔交易,但从长远来看,成交量较少是否就一定意味着公司的长期投资回报会减少?

这个问题只有你才能回答,这取决于你的销售风格、公司理念,以及你愿意给销售人员多长时间来创造利润。然而,较少的成交额并不一定等同于盈利减少。如果单笔交易的利润率较高,那么交易笔数就不是最重要的。因此,可以提出以下问题:

- 说明销售数量和单笔交易利润的区别。
- 你自己有能力达成高点交易吗?请举例说明。
- 你的平均销售额是多少?你如何通过销售附加产品或以不同的标价方式来获得更多的收益?

**过去一年你有多少次未能完成配额？你是怎样重回正轨的？**

每位求职者的简历中都会提到自己的超额业绩和最佳业绩。但是除非你问，否则他们不会主动提及他们销量不达标的经历。

完不成配额并不丢人：这是每个销售员都会（而且经常会）遇到的事情。但是如果求职者在十二个月里有四到五个月不达标，你就应该注意了。通常完成配额的 70% 是比较现实的（尽管行业之间有差别）。不过，即使求职者在交易高峰期表现出色，但是多次销量过低不仅会影响公司的年度总销售额，同时也表明他无法在长时间内保持良好的业绩。

如果求职者回答说完成配额没有问题，那么继续问下面的问题：

你每个月的业绩有何变化？

业绩的变化能够反映出销售额的大起大落（即使业绩从未低于最低配额）。如果求职者的回答含

## 第二章
进行"高概率"招聘的面试策略和问题

糊其词,你可以问他们:

你上一任公司的主管如何评价你的业绩波动?你需要我们在这方面给你什么样的支持?

请记住,让求职者主动说出自己的缺点,这将有助于你规划之后面试环节的方向和重点。

### 底薪对你来说重要吗?你喜欢哪种薪酬结构,底薪+35%佣金,还是纯佣金制?

求职者的风险偏好在很大程度上能够反映其销售心态。一位拥有丈夫、两个孩子和贷款的销售员可能会选择"高底薪+低佣金"的薪酬结构,因为对她的生活而言,保守胜于风险。如果这是求职者来你公司参加面试的原因(因为你恰好给出同城最高的底薪,而其他同行公司只提供佣金),那么你的公司就极具优势。这种情况下,你的公司恰好是投其所好。

相反,如果求职者刚刚大学毕业,幻想有一天能够成为百万富翁，但是他却没有选择纯佣金制，而是选择了每月 2500 美元的底薪加最低奖金。这时候你要注意，这可能是一种典型的规避风险心态，拥有这种心态的人不太可能在纯粹的销售环境中混得风生水起。

划重点：即使你没有提供选择（比如底薪、佣金和奖金），也要询问求职者他认为的最理想的薪酬结构。很显然，敢于承担风险的员工能够创造更好的业绩。

**达成交易前，你通常要拜访多少潜在客户**

顶级销售人员关注的是每日工作量而非每月销售额，因为他们能够控制前者却不能控制后者。如果销售人员确定了完成业绩所需的每日工作量，那么询问他的质量比率。毕竟，外访电话和现场演示机会有限，但是较高的质量比率却能够保证事半功倍。因此，面试销售人员的面试官有时会犯一个严重错误，即没有从质量比率的角度来衡量求职者的每日工作量。

提问这个问题的目的是测试求职者对质量比率

## 第二章
进行"高概率"招聘的面试策略和问题

以及完成业绩所需的每日工作量的理解。最实用的做法是让求职者逆推分析必要的工作量。例如,一位每月配额为10000美元的假肢销售人员可能会给出以下回答:

我们出售的普通假肢价格为每件2000到3000美元。为了完成业绩,我需要每月卖出4件产品或者说每周卖出一件。我的演示—销售比例约为50∶1,因此我需要每天拜访大约10家医疗机构,每周做50次演示才能达成一笔交易。如果我的交易额低于预期,那么我就保证每天拜访10家机构,其余的就依赖质量比率了。

你要特别注意那些难以表述质量比率的求职者。如果一个销售员不清楚达成交易所必需的每日工作量,那么他极有可能从未认真思考过这个行业。如果真是这样,让他当场计算达成交易所需的一系列数据。记录他说出的数字,以确定他的估算结果是准确的。综合考虑他的业绩和质量比率,将会帮助你判断此人是否专注于高回报业务,是否能够最大限度地利用自己的时间。

## 面试主管、经理和总监

有远见的公司都很重视培养下一代领导者，为他们培训知识和技能，以接替即将退休或离职的高管。本节将讨论如何评估你的下一任领导者：董事、经理、主管和总监，找出公司潜在的下一任领导者。

**你如何评价自己担任这个职位的优势和劣势？**

对于那些宣称自己没有弱点或者完美无缺的求职者要格外小心——他们可能很自大，或存在其他不安全因素；或者，他们也可能只是在欺骗你。让求职者客观评价自己担任某一职位的优势和劣势，是一个合理的面试问题，同时也是让他们说实话、进行自我剖析的机会。一般情况下他们会首先描述自己最擅长、有直接实践经验的领域，然后可能会提及自己缺乏经验、不熟悉或不擅长管理监督的领域（例如，在你公司中带领一个更大规模的团队）。无论如何，他们的回答越客观越好。

## 第二章
进行"高概率"招聘的面试策略和问题

面试这些高级职位领导者或者其直接下属时，你最不想看到的是他们说自己能够胜任所有工作，或是试图隐藏所有那些让他们看起来不合格的劣势和弱点。就我个人而言，我比较喜欢那些谦逊的、回答问题时会偶尔自嘲的求职者。

**你如何衡量并量化自己的业绩？**

提问关于目标设定和实现等方面的问题可以帮助你评估求职者的个人风格和成就心态。如果求职者的前任公司在绩效评估中重视正式的业绩考核和目标设定，那么只需要询问他去年的业绩如何以及他是如何实现预设目标的。

相反，如果求职者的前任公司没有正式的业绩考核或目标设定，询问他是如何在没有规范方法和流程的情况下自己处理这个问题的。没有设定目标并不一定意味着不合格，但是如果求职者能够描述自己是如何设定目标并完成目标的，那么这会让他在众多求职者中脱颖而出。即使求职者没有设定正式的目标，也没有给出特别的回答，你仍然可以问：

对于工作中的扩展项目，你是如何设定目标和指导方针的？

这个问题能够体现出求职者是如何完成工作，如何在时间和资源有限的情况下进行管理，如何沟通进度和处理遇到的障碍的。

**你对目前的职业生涯满意吗？如果可以，你想做出哪些改变？你觉得自己跳槽的次数是太多还是太少？**

这是一个很好的面试问题，尤其是当求职者近期出现了不同于以往任期模式的变化时（例如，在过去的四到八年里，每次任职都不超过两年）。当然，由于大规模的裁员而导致的离职并非是求职者的过错，但是听听他们如何描述、思考自己职业中面临的结构性挑战是很有意思的。当求职者描述他们的职业生涯在经济周期的各个阶段所遇到的艰辛时，注意观察一下他们的情绪，是愤怒、沮丧，还是充满创意和灵感？

接下来问："如果可以，你想做出哪些改变？"

## 第二章
### 进行"高概率"招聘的面试策略和问题

这也是一个不错的问题。让求职者回头想想，重新评价自己曾经走过的教育和职业生涯，可以帮助他们利用所学知识正确评估自己。虽然这个问题的答案并无对错之分，但是要注意区分哪些求职者在不断寻找新的机会，而哪些求职者认为自己饱受工作环境之苦。

同样，接下来的这个问题"你觉得自己跳槽的次数是太多还是太少？"不仅能够体现求职者在其职业管理中的价值观和优先事项，也可能表明他们未来的职业抱负。频繁跳槽的求职者可能更在意挣大钱而非推动职业发展；而那些待在原岗位不动、不承担更大职责，或不愿考虑内在职业发展的求职者往往缺少干劲。当然，这个问题的答案也无对错之分，但是对这个级别的招聘而言，询问求职者的职业发展策略是一个必要话题。

**你认为自己是天生的领导者，还是后天培养而成的？**

在这个问题上，你应该重点关注求职者对业

绩、沟通和团队合作的态度，了解他们对成功领导力的认知。那些经过认真思考的求职者已经反思过自己在远见、转型、周转期领导力、危机管理等方面的优势和不足。健康向上的领导力体现在以上方方面面。

有些求职者将对这个特定问题的回答的重点放在主动聆听上。他们认为，有效的领导力源于无私的领导或"服务型领导"。信奉这种理念的人将他人的需求置于个人需求之上，并期待对方做出类似的回应。他们不遗余力地建立开放、坦诚的对话环境，基于信任建立关系，将领导力视为自我发现的过程。他们认为自己是做事高效的顾问，而不善于给别人提建议。他们更多的是观察而非判断，这使得他们与众不同。他们为他人的成功搭建阶梯，然后安静地走开。他们在不断的自我发现过程中帮助他人找寻成功之路。

还有一些求职者对这个问题的回答是要区分管理、领导和指导。具有这种意识水平的人通常会使用"敬业度""动机"等术语。他们每天都努力把

## 第二章
### 进行"高概率"招聘的面试策略和问题

工作做到最好,并鼓励其他人也这样做。他们懂得感恩、欣赏,这不仅体现在日常工作中,也体现在个人生活中。

你要寻找的是那些在自我剖析中敞开心扉的求职者。坦诚相见能够产生信任,大公无私的品质可以让人充满信心。毕竟,你不能给出自己未曾拥有的东西,所以那些付出时间、善于表扬和鼓励的领导者知道,他们自己拥有这些天赋,可以随时给予他人。在回答这个问题时,有的求职者会提到他们最崇敬的领导者,表明他们也在努力成为这种类型的领导者。

**在计划突变、没有经验的情况下,你如何发挥领导力?**

这个问题的答案有助于考察求职者的敏捷性和适应能力。在突发事件发生时能够保持冷静,做出决定并采取行动,是一位优秀领导者的标志。员工有能力进行自我调整以适应不断变化的环境和优先事项,这对任何公司来说都至关重要。所以面试中你要寻找的求职者应该具有能屈能伸、百折不挠的特点。

如果求职者的回答侧重于少见的极端事件,你也不要过于惊讶,因为这是面试中的常见现象。做生意必然有风险和不确定性。出现错误时能够站出来并承担全部责任(尤其是在没有经验可循的时候)可以看出一个人的自信和勇于面对困难的决心。同样,在突发事件发生时到底应该采取独立行动,还是事先获得批准,这两者并无对错之分,完全取决于求职者的岗位角色。

**你的个人标签是什么?**

那些努力提升自己在公司中职权和地位的高层领导和中层管理者对"行为"和"结果"有完全不同的看法:

- 有人认为产出和结果才是最重要的,过程是次要的。
- 有人认为人们因惧怕而尊重,过于友善是软

## 第二章
进行"高概率"招聘的面试策略和问题

弱的表现。
- 有人认为幽默感、娱乐精神对创造力和创新至关重要。
- 还有人认为工作不应具有戏剧性,要能时刻掌控信息,确保行动前获得批准不犯错。

所有求职者,无论是领导者还是员工,都必须为自己的表现和行为负责任。例如,有些经理很难相处,态度糟糕,别人与他们相处时必须小心翼翼。他们的个人表现可能非常优秀,但是与他人相处的行为却是失败的。换言之,如果他们不能为团队创造一个友好、包容的工作环境,他们就失去了对公司的主要价值。这样一来,他们的总得分就只有 50 分,对大多数招聘者而言这个分数不及格。实际上,面试中你可以要求他们给自己的表现和行为打分,以此作为面试的开场白。因此,你可以这样问:

- 你认为自己在沟通、团队建设、责任感和员工敬业度等方面的表现如何?
- 你认为自己是一个可以发挥榜样作用的领导吗?如果是,你如何表达你的价值观?
- 相较于职业发展和规划,你觉得与直接上司讨论年度目标和季度进展有意义吗?
- 你是否会要求团队成员承担临时领导角色?是否会让他们监督周例会?
- 你是否赞成企业内部轮岗,从而使团队成员对业务有更深入的了解?
- 你的直接领导、分管领导和上级主管会用哪三个形容词来描述你的领导风格?

让中层管理人员评价自己在重要领域的行为,找出自己的强项和弱点非常有意义。你不仅要关注隐藏在答案背后的理念,还要关注他们给出的具体事例。他们的沟通方式以及对员工的表现、业绩的期望是否与你的一致?无论他们的回答是什么,这个问题都很适合在背景调查时向他的前任主管询问。

## 第二章

进行"高概率"招聘的面试策略和问题

## 说说你心目中的领导能力和管理能力的区别

一个人事业成功的关键之一在于认识到领导和管理、监督和指导之间的区别。中层管理人员不能晋升为高层领导的一个常见原因是他们缺乏必要的人际交往技能。

如果一个人的人际交往能力不合格,可能是因为他无法获得他人的认同和信任、无法化解群体冲突,或者无法在同事和团队成员之间建立信任,无法与大家真诚相待。以上任何一种情况都可能成为一个人事业发展的拦路虎。此问题的答案始终在于此人建立人际关系、发展团队、扭转局势的能力,这些都决定了员工是否能够表现得更好。

最明确的回答是求职者将领导力视为一种行为,而非一个职位。正确的领导行为是这些行为能够积极影响、激励和授权他人完成公司的使命、实现愿望和价值观。这是一个社会影响的过程(而不是权威或权力),它使他人为实现目标所付出的努力最大化。相比之下,领导力与管理、头衔或等级关系不大。事实上，最伟大的领导者往往依靠个人能力，不负责"管理"公司中的任何人。简言之，领导力和管理显然不是一回事，这个级别的求职者应该能够清楚地表达自己的理念。

久经考验的领导者或具有领导天赋的人通常会描述他们的行为如何影响了他人——他们如何帮助他人克服挑战、鼓励他人进步、扶持他人成长和发展。在谈到自己对周围的人的影响时，他们表现得信手拈来：他们的眼界更宽广，倾向于描述对团队的影响而非对个人的影响，在他人做出贡献时及时予以认可和表扬。虽然这貌似是一个假设性的问题，但通常能体现出一个人的真实价值观，即他如何看待自己与周围的人的关系。

## 第二章
### 进行"高概率"招聘的面试策略和问题

# 面试你未来的老板：礼貌评估你的下一任经理

公司通常会选择以下两种方式招聘新的部门和团队主管：高层领导不经过团队讨论直接聘用外部员工，或者团队成员参与最终面试然后协商讨论。是否录用求职者一般取决于高层领导的意愿，低级别员工无权决定，但是他们的反馈意见对达成团队共识非常重要。

当参与集体面试或者单独面试下一任老板时，你的面试方式会给对方留下深刻的第一印象，也让高层领导了解了你识别人才的能力。怎样才能巧妙而又不失礼貌地获取对方关于领导力、沟通方式和团队建设等方面的信息？什么样的问题能够帮助你预测以后与对方共事的情形，以便你向公司的领导层提出建议？这是一个让你大放异彩的机会，不仅能展示你的面试技巧，还能让未来的老板对你印象深刻。

**有效地招聘**

下面这些开场白可能会让求职者感到舒适,同时也让他们知道你已经为这次面试做了充分准备,对这个岗位的最佳人选胸有成竹:

我知道这样面试我未来的老板有点尴尬,但是我很感激公司能够为我们团队提供这个机会。之前你有过与我们类似的经历吗?如果有,你是怎么做的?

如果不介意的话,我想问一下,你是如何得知这个招聘信息的?最初吸引你来我们公司的原因是什么?

我们大多数人已经在这家公司至少工作了五年,所以有时会不熟悉其他公司的情况。基于你所了解的外部就业市场,你能说一下你选择下一个职位、公司,甚至行业的标准吗?

面试开始时,你可以以礼貌的开场白和邀请式的介绍开启友好的双向对话,接下来就该进入面试的核心问题:求职者的领导理念以及之前类似的团

## 第二章
### 进行"高概率"招聘的面试策略和问题

队领导经历。

在今天的面试之前,我们进行了小组讨论,认为我们在公司保持快乐、坚持工作的源泉是强烈的独立和自主意识。你是否曾经带领过任期更长、专业知识更丰富的团队?如果有,你是如何管理这类团队的?

就沟通风格而言,你是倾向于召开每周例会,还是每季度进行一对一的谈话,或者其他类似的方式?或者你喜欢这种结构化的沟通方式吗?

你评估绩效的理念是什么?对于绩效评估,你是喜欢、讨厌还是介于两者之间?如果我们一起共事,你将如何指导我们最大程度地利用专业和职业发展机会?

你赞同给团队设定目标吗?如果赞同,你是按月份、季度,还是年度进行评估?你如何衡量、追踪工作成果?

为了改进大家的表现、提升业绩,你会对当前的团队或者曾经对以前的团队做出哪些改变?

**有效地招聘**

你如何解决业绩不达标的问题？你如何处理交际冲突？你对"错误"的看法是什么？

你认为自己是一个敢于放手的领导者，还是更喜欢对公司结构、工作反馈和发展方向等方面进行指导？你是如何让自己的领导风格得到传承的？

你希望团队成员以何种方式向你反馈信息？你是喜欢非正式的办公室汇报、邮件抄送，还是愿意在我们会见客户时加入进来？

我们已经问了你一些问题，了解了你的领导能力、沟通能力和团队建设风格。你有没有问题要问我们，例如，我们的企业文化、做事方式、共事方式或者其他问题？

面试你未来的老板可能会让你有点尴尬或不自然，但是你应该感谢公司提供这个机会，因为这是公司对你工作的信任和尊重。通过这样的面试，求职者可以初步了解团队情况，团队成员对此职位的最终人选有一定的发言权，高层领导也可以听取团队成员的意见。这是基于信任、尊重与坦诚的三赢局面。

# 第三章

## 背景调查和发出录用通知

## 有效地招聘

现场面试或远程面试结束并不意味着招聘过程结束——甚至连一半都不到。背景调查应该被视为面试的第二个环节。此过程中,你有机会从求职者的前任主管那里了解他,看看你对他的第一印象是否准确,因为此人曾长期与求职者并肩作战,对其更为了解。你要学会区分录用前和录用后的步骤,以便把握招聘工作的时间和节奏。

发出录用通知之前,招聘者仍有机会吸引、评估潜在的优秀人才,步骤如下:

1. 更新工作职责说明、确认招聘要求
2. 预算审批
3. 刊登招聘广告
4. 电话筛选面试
5. 现场面试或远程面试
6. 聘用前测试
7. 前期背景调查
8. 薪酬谈判
9. 发出录用通知、拟定入职日期

一旦发出录用通知,招聘者就有权开始录用后

## 第三章

背景调查和发出录用通知

流程,步骤如下:

1. 背景调查
2. 入职前体检

接下来我们谈一谈背景调查。在此我把背景调查置于"录用前"小标题之下,而很多公司在"录用后"才进行背景调查。我这样做的理由如下:背景调查的目的是加强公司对求职者工作风格的了解。通过背景调查,你有机会从求职者的前任主管那里确认你对他的第一印象是否准确。这就是为什么最好在发出录用通知之前进行背景调查,你的目的是评估求职者的工作方式、沟通风格、职业道德、步调节奏、时间承诺等方面是否与公司文化相匹配。这些信息在发出录用通知之前就需要先弄清楚,不然当你发现对调查结果不满意时才想要撤回录用通知就晚了。

此外,背景调查的目的并非是区分孰优孰劣,判断聘用或不聘用求职者;相反,背景调查帮助你评估求职者是否与你的公司或入职部门相匹配。举个例子:当你调查求职者能否接受批评时发现,他比较敏感，有时会对纠正性反馈意见过于抵触。可能招聘经理 A 并不觉得这是一个大问题，但是脾气暴躁的招聘经理 B 可能会对此极为不满，因此聘用一名过于敏感的人进入团队意义不大。在发出录用通知之前提早收集这些信息才是明智的做法。毕竟，如果说背景调查是现场面试的第二个环节，那么你就需要在发出正式的录用通知之前提早了解尽可能多的信息。

话虽如此，有些公司确实会将背景调查作为最终录用的前提条件，因此，在发出录用通知后再进行背景调查也行得通。但是问题在于，如果发出录用通知以后你才发现，你对求职者的背景调查结果不满意怎么办？这个时候的背景调查结果对是否录用该求职者已经没有什么影响了，因为你已经承诺录用，再不满意也几乎无路可退。

还有一点需要注意。不要相信这样的说法："背景调查中永远不会得到负面反馈，只会得到正面评价。这是为什么求职者选择这些推荐人的原因。"这当然不对！因为推荐人多为求职者的前任直接领

## 第三章

背景调查和发出录用通知

导（他们与求职者的同事和个人推荐人不一样，后两者往往只会给出正面反馈），与他们交谈你能够深入了解求职者的工作节奏、自主性和承担责任等方面的信息。本章接下来会介绍让前任主管感觉难以回答却难以拒绝的问题。如果你听到类似下面的反馈请不要惊讶，例如，"天啊，这个问题很好，我多么希望我们公司之前也做过如此彻底的背景调查。"或者"贵公司还有适合我的职位吗？我喜欢你们做事的方式！"背景调查是招聘方、求职者和前任主管的协同合作。采取合适的方法，与求职者共同完成背景调查将会对招聘评估和选择过程大有帮助。一句话，一旦你体验到这样做的好处，你就永远不会在事先没有做背景调查的情况下录用任何人。

**特别提醒**

有的时候背景调查会由于以下原因无法进行，例如，公司倒闭、找不到前任主管、推荐人拒绝提供"受雇日期和最后职位"以外的信息。这时候可以要求求职者提供以前的年度绩效评估副本。与推荐信不同，绩效评估通常包括正面和负面两方面的反馈，因此，这比单方面的推荐信更可信、更客观。

的确，绩效评估经常受到"分数膨胀"的影响，上级领导会美化反馈结果，给出高于实际水平的分数。然而，迫不得已时，档案中的绩效评估结果可以提供与背景调查类似的信息。这些结果可以帮助你做员工入职前调查，提早了解前老板或领导对求职者的整体评价。关键问题是，当联系不到求职者的前任主管时，你完全有权要求求职者提供他以前的业绩考核结果。如果求职者手里没有副本，那么要求他联系之前的公司，索要几份考核结果与你分享（最近一份往往是最重要的）。你这样做是完全合理的，同时也提醒求职者要保留以前的绩效评估副本，以应对此种情况。

最后，如果求职者的前任主管拒绝提供或没有年度业绩考核结果，你可以向他以前的主要领导、客户，甚至下属进行咨询。一般来说，你只需

## 第三章
### 背景调查和发出录用通知

与求职者的前任主管进行交谈，但是如果联系不上对方或者公司没有存档，那么就咨询其他高级管理人员。这些人曾以虚线汇报的形式与求职者打过交道，他们的意见也颇具借鉴意义。同样，你要寻找的是能够评估求职者的决策能力、业绩能力、领导能力、沟通风格和技术能力等方面的领导者。在发出录用通知之前，你还可以从求职者所在公司其他部门的高层管理人员，甚至是主要客户那里得到关键性反馈。

## 招聘时不做背景调查,就好像在轮船上放了没有固定好的大炮!

背景调查是招聘过程中的重要环节。与面试不同,背景调查提供客观的第三方反馈意见,能够让你了解与求职者一起工作会是什么样子。求职者的前任主管最能了解他的优势、强项、专业领域、工作节奏、人际关系和业务能力。没有与求职者的前任主管交谈就发出录用通知,就好像是在轮船上放了没有固定好的大炮,结果不可预测。

有些人可能是"专业的面试者",他们在面试中欺骗了你的双眼,其面试结果远远优于他在日常工作中的真实表现。求职者的前任主管才最有资格验证你对求职者的判断,即他是否与公司文化相匹配,同时也最有资格纠正这个求职者弄虚作假的履历报告。

你要特别注意那些拒绝评论求职者的前任主管。人性决定了前任主管一般愿意帮助他喜欢的前

## 第三章
### 背景调查和发出录用通知

任下属找到其他工作,即使公司政策不允许他向第三方透露离职员工的信息。相反,当前任主管不愿意谈及求职者时,往往表明他们宁愿闭口不言也不愿意说前任员工的坏话。如果你发现不止一两位该求职者的前任主管拒绝接你的电话,或者以严格遵守保密规定为理由回绝你,那么你要小心:最好的情况是求职者过河拆桥,最坏的情况是求职者曾经因为严重的行为不当而被解雇或起诉。

通常你只需要听取三位推荐人的意见就能了解求职者近期的工作表现。假如求职者的每份工作经历都为两到三年,那么三份推荐意见就能涵盖其十年左右的工作经历,一般不需要对十年之前的工作进行背景调查。当然这取决于招聘岗位的性质,相较于职场新秀来说,对首席执行官等高管级别求职者的调查通常需要更加彻底。

在发出录用通知之前,千万不要非得坚持与求职者的现任主管交谈,这样会影响求职者当前的工作。众所周知,有的求职者通常会对找工作一事保密,因此当你与其现任主管做背景调查时,一定要灵活行事。例如，可以让求职者提供过去两到三份工作的业绩考核结果，不一定非得是当前工作的考核结果。推荐信和简历仅描述了求职者的强项和正面评价，与这两者不同，业绩评估还表明了求职者的不足之处，因此更为客观、全面。同样，你还可以咨询已经从这家公司离职的前任主管，或者问问那些求职者相信不会透漏其跳槽意图的在职员工，与他谈论一下求职者的优势、成就和不足之处。

尽量避免与求职者的同事和下属交谈，除非情况需要（例如，求职者应聘的岗位是首席执行官，那么与他的下属和董事会成员交谈是必要的）。同样，尽量避免与为求职者说好话的个人推荐人交谈，这对背景调查没有太大意义。总之，尽可能与求职者的前任直接主管交谈，他们直接监管求职者的工作，在日常工作中能够清楚了解求职者的个人风格、才能和弱点。通过背景调查，你需要直接了解如何定期、持续地为员工提供反馈、结构和方向等方面的信息。

## 第三章

背景调查和发出录用通知

一定让求职者事先和前任主管进行沟通,避免突兀地联系对方。例如,如果求职者已经三年没有同某位主管共事了,而你贸然给他打了一个电话,极有可能你会听到类似下面的回答,"所有的背景调查都是人力资源部负责的。"或者"我们只允许提供被调查者离职时间和他最后的职位的相关信息。"相反,先让求职者与其前任主管沟通好,然后你再打电话联络,效果会好很多。

关于"背景调查是浪费时间或非法行为"的说法比比皆是。此外,一些招聘经理不愿意花时间做背景调查,因为他们认为"求职者只会把你推荐给那些会替他们说好话的人"。事实并非如此。如果求职者在应聘申请表上列出了其前任直接领导的名字,那就是你要联系的人。如果没有申请表,那么面试时直接询问这些人的名字并记在简历上。此项工作的核心是弄清楚求职者的前任主管的名字,而非其同事或客户。同样,如果一份推荐意见不足以帮助你判断聘用与否,那么三份基本就可以了。与两到三位前任主管确认面试中你对求职者的第一印象时，无论结果跟预期一致还是相反，都能让你开阔视野，颇有收获。

**不要让招聘顺其自然：尽快确定面试的第一印象**

请注意，本章讨论了招聘者对求职者进行的背景调查，但其主旨并非是解决有关保密调查的法律纠纷，也不涉及员工的隐私权以及因诽谤、污蔑、诋毁或聘用过失而受到的潜在指控。这些话题超出了本书的范围。但是，仅通过现场面试或者远程面试进行招聘，并不能了解求职者的历史背景，也不能确认你对他的第一印象是否准确。此外，不进行背景调查可能导致聘用过失或疏忽留用，从而产生诉讼与索赔。因此，完全不进行背景调查并非是一个明智的决定。如果对招聘过程的这一关键环节有疑问，请咨询有相关资质的法律顾问。

## 第三章

背景调查和发出录用通知

# 在背景调查中让求职者的前任主管向你敞开心扉

在当今这样一个谨慎的商业环境下,背景调查的关键在于求职者的前任主管不是对求职者以往的表现评头论足,而是对其以后的潜能进行评估;求职者的前任主管不要把评判下属的以往表现当作一种责任,而是就如何管理下属以发挥其潜能给出建议。那么如何让求职者的前任主管向你敞开心扉呢?

首先,在求职者的帮助下,确定你想要联络的前任主管。时间越近越好,但是至少要有两到三位,以涵盖求职者近十年的工作经历。其次,要求求职者先与这些主管取得联系,然后你再与他们交谈,这样,你的电话就不会显得过于突兀,他们也会更加愿意与你详谈。再者,要求求职者提供这些人最近的联系方式和电话号码,以最大限度地利用好你的时间。求职者提前做好这些前期工作,将会大大节省你的时间,获得有价值的信息。当今高管招聘人员(又称猎头)和企业内部的招聘人员都在尽可能地使用这种方法,所以学会这一技巧并亲自实践是明智的做法。

当你要开始和求职者的前任主管交谈时,来一段建设性的开场白通常会让对方畅所欲言:

*嗨,安德鲁(Andrew)!凯莎(Keisha)在和我的谈话中对你的管理能力大加赞赏,说你在她的工作中给了她有关方向和结构等方面的指导,并且指导非常清晰明确。你能跟我说说她的能力如何吗?*

不要一开始就问一些泛泛的问题,比如求职者的工作职责、强项和不足之处。相反,向对方描述一下你公司的企业文化和施加给员工的具体压力,这样他会重点针对求职者的"匹配因素"进行评价。例如:

## 第三章

背景调查和发出录用通知

我们是一家抵押贷款银行,正处于快速增长时期。客户电话很多,文书工作也很繁忙,我们正在考虑让凯莎担任客户服务呼叫中心经理一职,负责应付最挑剔的客户。你觉得她能否很好地适应这种环境?

假设对方回答了你的第一个问题——毕竟,这位主管是求职者请来"支援她"赢得你公司的工作机会的——那么接下来,你应该以积极的态度将对话继续下去。例如:

我们公司正处于快速增长时期,凯莎似乎对加入我们公司很感兴趣。她说她很喜欢这种快节奏和多元化的工作模式,也愿意在呼叫中心这个环境中承担更大的职责。她是否曾经与你谈论过这个机会?你知道她为何对这份工作如此感兴趣吗?

这时候,你可以继续深挖背景调查中提问过的问题。关键在于,让对方为了替求职者说好话而参与到对话当中。接下来的问答应该保持自然流畅。另外,如果对方一开始不太愿意分享业绩方面的信息,那么你可以转而向对方请教管理专业知识:

安德鲁,我不会请你说一些你想保密的事情。我们只是有几个候选人同时在竞争这份工作,我们想听听你的建议,如果凯莎最终被选中,我们该如何发挥她的潜能?

由于这些问题更偏重管理和发展建议,而不像传统的问题那样要求对方评判求职者的以往表现,因此,可以避免背景调查中的法律责任风险。

但是,如果对方仍然不愿意交谈怎么办?让那些坚持不违反公司规定的强硬派开口是背景调查中的最大挑战。你可以采用如下撒手锏:

我很欣赏你坚持遵守公司的背景调查原则的行为,但我还是认为没有消息就是坏消息,因为如果前任下属表现可靠,那么大多数主管都会愿意帮他

## 第三章
### 背景调查和发出录用通知

找到新工作。因此我想,这极有可能是因为凯莉在职期间行为表现不佳,而你并不愿意透露这一点。对此我能理解,但还是那句话,如果你愿意谈谈对她的管理意见,将会对她赢得这个职位很有帮助。你说的话我会保密,但如果我们不能对她进行背景调查的话,将会影响她的候选人资格。

这种做法可能看起来有点心机,但对求职者的前主管来说没有什么损失。此外,如果对方回答说:"不,请不要那样想,凯莉并没有任何问题。我喜欢与凯莉共事,但是如果我提供了任何信息,我可能会失去这份工作,我希望你能尊重这一点。"那么说明上述做法还是值得一试的。安德鲁既想为凯莎说好话但又解释说因为公司规定严格而不能透露任何信息,这也是合理的。这时可以要求凯莎提供她之前的业绩考核副本,或者其他已经从该公司离职的主管的名字,他们可能愿意参与背景调查过程。

也就是说,你应该明白,在你明确表达了担

忧之后，求职者的主管如果仍然保持沉默，这可能代表他默认了你担忧的情况。最后，在背景调查快要结束时，询问对方是否建议录用求职者。如果你得到了一个"不予置评"的回答或者对方直接说"不"，那么这就意味着你应该着手寻找其他更合适的人选。

## 第三章

背景调查和发出录用通知

# 对计时工、生产人员的背景调查

对行政助理人员进行背景调查时，应该侧重于上下级关系，例如，求职者是否能够遵守指令、独立工作、接受建设性的批评并做出反馈。顾名思义，针对行政助理人员提出的面试问题与针对中层管理人员、高级管理人员、销售顾问、IT 专业人员的问题有很大不同。仔细阅读下列问题，看看哪些问题适合你公司的情况。

**你觉得什么样的环境才能发挥员工的最大潜能？**

在背景调查时你应该首先问这个问题，因为这会打开求职者前任主管的话匣子。这个问题的答案重在其客观性，无所谓对错。因此，前任主管一般更愿意以导师身份给出对求职者的职业建议和对未来的指导意见，而不是评判求职者的以往表现。

有些员工需要相当明确的指导才能开展工作，例如，大量即时的反馈、指示和沟通，而有些员工只需要领导设置好任务要求就能独立、高效地完成工作。

对于这个问题，很多招聘经理期待的理想答案是"完全独立"，因为他们想要无须上级手把手指导的新员工。但是，最佳答案最终取决于你的个人管理风格。如果你喜欢独立工作，不与员工有太多互动，那么这样的回答恰恰好。反之，如果你对自己负责的项目不想完全放权，或者喜欢指导新人，那么你会希望下属时刻向你汇报工作进度。这样，你可能更喜欢与一名随时需要指导、反馈的下属共事，以便让你掌握工作的最新进展。

如果在背景调查中你没有其他问题要问了，那么试着问下面的问题，这能帮助你了解如何更好地管理新员工。

**此人是仅仅履行工作范围内职责，还是会主动承担额外职责？**

这个问题意味着你再次要求前任主管评价求职者的职业道德。那种只扫门前雪的心态——"这只

## 第三章
### 背景调查和发出录用通知

是一份工作而已""这不是我的职责"已经完全不能满足当今职场的要求。在这样一个激进、积极的商业环境里,精简、精益、精炼成为特有的标签,及时响应变化、具备全球竞争力、提高每位员工的效率已经成为企业保持竞争优势的关键因素。

这个问题适用于评估行政助理人员,可以直接体现出求职者的价值观。你能听到的最好的反馈是:

即使周围的工作节奏都慢了下来,他也总是闲不住,时刻都在找活干。更重要的是,他的紧迫感和行动力总能推动一切向前发展。

但是你也会听到下面这些顾左右而言他的回答:

好吧,我真不希望他做一些超出职责范围的事情。他也干活,完成得也不错,但我真不希望他因为整体进度缓慢就自己找活干。

并非每份工作都需要英雄,有些岗位只需要勤劳本分的员工，这些人对自己的工作似乎永远不会厌倦。如果你的招聘岗位需要这样的员工，那就不要因为求职者不太热衷于承担更多职责而放弃他。大部分公司需要的是完成工作然后下班回家的员工，这些员工为了生活而工作，而不是为了工作而生活。你要确保选中的求职者与工作要求相匹配。

**你能评价一下此人接受建设性批评的能力吗？**

许多经理人最不希望看到自己的下属过于敏感。不过，提出这个问题之前，你要确定自己提出的确实是建设性的批评——你一定要诚实，因为你的批评可能根本不是建设性的。你可以在面试中与求职者讨论这个问题，当然，你也可以在背景调查中向求职者的前任主管描述你的管理风格。例如：

> 我是一个相当直接的人，我不会拐弯抹角，也不会过多关注别人的感受。你觉得出现问题时，我

## 第三章

### 背景调查和发出录用通知

能与杰克（Jack）开门见山地交流吗？他是否能与我这样一个要求高、沟通方式直接的人共事？

对于行政助理人员来说，心理受到伤害、感觉被贬低、不被欣赏是离职的主要原因。所以不要有"试试看"的心态，在发出录用通知之前一定要确认求职者接受批评的能力。

相反，如果你觉得自己的管理风格太过宽松，害怕被人利用，可以这样问：

我不是个特别激进的经理，也不喜欢与问题员工对立，所以我想要聘用一名独立性强、无须我在身边指导就能完成工作的员工。你认为安东尼（Anthony）独立工作的能力怎样？他是否善于向别人求助或者利用各种资源？

当你毫不隐瞒地表达你的担忧时，对方也会开诚布公，提出自己的看法。

**你认为此人是任务导向型员工，还是项目导向型员工？**

以任务为导向更适合办公室行政工作，上级传达指令，下属严格执行。而以项目为导向，员工有更多自由，有更大的独立决策权和自由选择权实现既定目标。想要招聘哪种员工，取决于你在整个决策过程中愿意给员工多少自主权。

求职者的前任主管在回答这个问题时通常较为主观。如果一名员工将项目从 A 阶段推进至 C 阶段，并指派别人完成 B 阶段的收尾工作，并在这个过程中展现出较强的决策能力，那么他属于项目导向型员工。不过请注意，即使求职者曾任办公室主任或行政助理（通常认为这些岗位是偏项目导向型），他的前任主管也有可能把他归属为任务导向型员工。为什么这么说？因为任职这些职务并不一定代表着员工就很有魄力，善于独立工作，也不代表他以项目管理为导向。请记住这是一个非常主观的概念。

## 第三章

背景调查和发出录用通知

一些行政助理岗位的员工非常不喜欢独立决策。因此,即使是最普通的工作,他们也习惯于层层汇报,提前获得上司的批准。这种类型的员工——即使他们是按照公司规定行事——也会被认定为任务导向型。但这并不意味着他不能独立完成工作,他只是没有机会行使决策权而已。

**如果工作被干扰、日程被打乱、事情出现临时变化,你认为此人会做出何种反应?**

企业中的行政助理人员应该具备以下特质:灵活多变、适应性强、临变不乱。任何一种上下级关系都需要一方需求服从于另一方,尤其是领导者与私人助理或行政助理这种亲密工作关系。因此,在评估那些日程安排和优先事项都必须以领导为先的员工时,可以提出这个问题。

当手头有多项工作时,人们通常有两种处理方法:有些人需要先完成一项工作,处理好所有的细节,然后才能开始下一项工作;而有些人可以一心多用,同时处理几项工作,并为之感到自豪。很明显，第二种人比第一种人更擅长处理临时变化。

你也可以这样问求职者的前任主管：

麦琪（Maggie），我的需求时刻在变化，如果我的下属面对压力时惊慌失措，我真的会变成一个苛刻的领导。如果日常秩序被打乱，你认为科尔（Cole）会不会无所适从？如果他因为计划临时变更或行动脱离预期而崩溃，你认为最坏的结果是什么？

这个问题为背景调查提供了更多例证，你可以通过求职者具体的过往经历进一步了解其工作表现。

### 你如何评价求职者的敬业程度？

在大多数公司中，项目必须准时、保质保量完成。工作成果平平时，不应该有任何借口。项目完成时必须处理好所有细节，做到尽善尽美。大多数经理人都喜欢制订每日计划和待办清单，因为这

## 第三章

背景调查和发出录用通知

能实实在在地证明他们为未来做了准备。虽然每个人的工作能力不同,但是与习惯忽略细节的员工相比,那些考虑全面的员工更能让人产生共鸣——无论他们实践了这些细节与否。如果在你的项目中,工作是否精益求精、持之以恒是成功与否的关键因素,那么你可以问对方这个问题,看看他们怎么回答。如果前任主管说求职者的办事能力有待提高,你可以接着问:

你能描述一下玛丽·乔(Mary Jo)曾负责的失败案例吗?是短期任务还是长期项目?

这个问题容易解决吗?项目失败的原因是她没有理解预期目标,还是因为她忘记了,或者没有全心投入?

你觉得她愿意付出多少努力来提升她的工作持久力?

通过提问这些问题,你能够更好地分析求职者的前任主管那些含糊不清的回答。

有效地招聘

# 对专业技术人员进行背景调查

本节提出的这些问题并未包含某个特定行业或学科的具体细节,只有你能提出问题来评估求职者在某个领域的具体表现。提出这些问题的关键在于找出优秀员工所共有的技能,发现导致员工工作失败的主要因素。

**你如何评价此人的分析思考能力和解决问题的能力?**

通常直接询问一个人聪明与否会有些让人尴尬。但是,作为招聘者,你有权利去了解求职者是感性大于理性还是理性大于感性。你可能会发现他天生不安分,很容易被带偏、分心或感到无聊;或者你会发现他固执己见、好争辩,这种性格特点决定了他不能客观地分析、解决问题。此外,你可能听说此人对完成工作的速度和难度过于乐观。因此,他很难对别人说"不",总是一心多用,对下

## 第三章
### 背景调查和发出录用通知

属的能力盲目信任,没有制订应急计划的习惯。

这个问题本质上相当于问"这个人对自己的业务有多少了解?"这个问题的答案体现出求职者能否在工作中区分什么是合理决策、什么是无效决策。一个人的决策能力更多取决于他后天的经验而非先天的智力。毕竟,没有一个专业技术人员能够不经历种种困难就获得晋升。对我们所有人而言,失败的教训往往比成功的经验更可贵。

但是,一个人的分析思考能力与他的业务熟悉程度、聆听技巧和预测行为后果的能力密切相关,这源于自信和对自身局限的认识。因此背景调查时如果对方暗示求职者的心态不太稳定、较为轻率,你要特别注意。例如:

戴夫(Dave)是一位优秀的承销商,但他有时对业绩预期过于乐观,容易说大话。

瑞秋(Rachel)是一位优秀的公司律师,但是她的志向并非在企业界出人头地,她更喜欢在非营利组织工作。而且,她的所作所为都是为了追求更加崇高的事业，这一点有时会阻碍她做出有效、明智的决定。

虽然莎伦（Sharon）很聪明，但她缺乏组织能力，因此她总是等出现问题之后再解决，而不能在问题出现之前提早预防。项目开始前她很少制订整体计划，因此不能有效地解决问题。

当你与其他推荐人交谈时，有必要再次确认这些反馈信息。

**你认为此人工作时需要严格管理，还是他更擅长独立自主地工作？**

有些人天生喜欢团队合作，与同伴肩并肩一起工作。他们渴望他人认可自己出色的工作表现，享受持续的社交互动。对他们来说，工作就是在帮助他人提升技能的过程中，获得精神上的满足，以此实现自己的生活理想。这些人会随时向上级领导汇报项目进度，因为他们认为这是上级领导的权利。因此，上级领导无须担心他们的工作表现，有问题

## 第三章
背景调查和发出录用通知

可以随时与他们沟通。

另外,你也会发现一些孤独者——他们有着强烈的独立意识,珍视自由,常常只愿意按照自己的方式做事。如果上级领导对他们监管过多,他们就会认为上级领导管得太细,不信任他们。他们的想法是:"上级领导就能够这样凌驾于他人之上吗?""如果你信任我和我的工作能力,你就会允许我只有在碰到困难时才来找你。"至于其他的互动就没必要了。

当然,最终的人选取决于你的决定。但是,如果你喜欢在日常工作中给予员工大量关于结构、方向等方面的指导与反馈,那么在聘用"孤独者"时要特别小心。你天生的管理风格和善意可能会被这些喜欢独自工作的人视为负担。因此,你必须要了解自己对工作和员工的控制需求有多大,并以此确定合适的人选。

**你认为此人具有全球视野吗?你是否相信他最终会从技术岗位晋升到高层管理岗位?**

跨专业、跨层级的视野有利于中层管理人员

## 有效地招聘

在其专业领域内不断晋升,也让部门主管们时刻为其事业进一步的发展做准备。因此,在评价专业技术类求职者时要特别注意,在他们的职业发展过程中是否出现了"彼得原理"现象。彼得原理的核心观点是,公司中有些人晋升至他们所不能胜任的职位,并导致他们的事业停滞不前。

在一个人的职业生涯中碰到这样的瓶颈期是很正常的。毕竟,只有极少数人可能成为《财富》(*Fortune*)500强企业的首席执行官。事实上,你可以把"彼得原理"看作商业活动的实际需要,以及时填补职位空缺。毕竟,如果你需要招聘一位会计部门的小组长,你可能并不想聘用一位有志成为公司下一任首席财务官的求职者。这并不是说,成为首席财务官不是一个崇高的志向;只是,工作中需要安抚一个好高骛远、急于求成的下属总会让人不舒服。几乎所有的经理人都曾遇见过这种"好大喜功"的员工。

当然,也有人希望能够一步步地、有计划地晋升至首席财务官的职位。他们知道达成这个目标可

## 第三章
背景调查和发出录用通知

能需要十到二十年的时间,他们也愿意努力获得相关证书,最终具备晋升的资格。更为重要的是,他们对达成目标所需要的时间、精力等付出有着极为客观的认识。那么谁又能拒绝这样一位时刻在为自己的未来做筹划的求职者呢?

不过,对于那些认为自己能够获得更大成就,但是缺乏必要的天赋和努力的求职者,该怎么办呢?上面这个问题会帮助你找到答案。

**如果工作出现纰漏,你认为此人会承担责任吗?**

在为错误承担责任时,大多数人都属于中间派。只有少数人比较极端:一端是"殉道士"式,这些人即使对事态几乎没有控制权或直接责任,也会将所有错误都揽到自己身上;而另一端是"不倒翁"式,他们认为自己从不犯错,把事情搞砸的是主管、组长、技术人员和助理。

这两种极端的求职者,哪一种让你更头疼?相比而言,你可能更喜欢"殉道士"式的员工,毕竟很多人都认为,逃避责任是不可原谅的。诚然,通过前期背景调查很难发现求职者的这一致命缺点，而在面试中更是难上加难，性格测试也无法对此进行评估。因此，深入的背景调查是获取真实反馈的唯一方法。

你可以选择抛出问题后，静观其变。提问后保持沉默可能会迫使对方给出诚实的回答。如下这种不冷不热、稍带歉意的回答是一个危险信号，需要进一步求证：

好吧，我不想说海莉（Haylee）习惯于把所有责任都归咎于他人，但她确实很少为所处团队的错误承担全部责任。

如果你听到这样的回答，继续问：

她的下属对此是什么反应？你觉着她这样做是因为自我膨胀呢，还是因为害怕有所损失？她有没有曾经把下属当作替罪羊以撇清自己的责任？

## 第三章
背景调查和发出录用通知

对于老板来说,员工推卸责任无疑是一个很难解决的问题,但这也有可能是一名管理岗位求职者的真实面目。因此,如果你的前员工(也就是之前担任这个职位的人)就是一个对团队失误不负责任的人,那么在对所有最终入围者做背景调查时,你要好好考虑这个问题。

请注意,如果对方暗示这个问题确实存在,那么你需要与该求职者的其他几位前任主管再讨论一下这个问题。此外,你还可以与求职者的下属聊聊,听听手底下的人如何评价他的管理风格。如果一名经理将责任过多地归咎于团队中逆来顺受的成员,下属们通常会对此知无不言。

**你如何描述此人的主动性和行动力?他是否容易陷入"分析瘫痪"?**

我们常常听说有的分析学专家对预测结果极为抵触。毕竟,商业是一门实践艺术,强调通过最大化增长机会对冲下行不确定性,以达到权衡风险与回报的目的。虽然拥有海量的可用信息,但因为大量相互矛盾的证据交织在一起，做出最终决定也会相当困难。

但是不作为会导致员工对企业的信誉和活力产生更大的不信任。因此，无论事实如何，即使你是世界上最贴心、最有同情心的老板，工作中采取分析瘫痪的态度都是不可取的。

鲁莽行事与分析瘫痪正好相反。你既要避开那些罔顾事实、先斩后奏的人，也要避开那些光说不做的人。鲁莽行事之人的问题在于，他们在采取行动之前，不会彻底衡量行动的后果；而拖延症患者的问题在于，行动前他们会仔细预测分析各种后果，然而最后却突然大脑失灵、手足无措。虽然事实并非总是如此，但是如果这种情况多次发生（或在某一个关键时刻），前任主管就会认为该求职者面对压力时畏手畏尾。

如果你收到的是善意的回答，说求职者永远不会鲁莽行事，做出艰难决定时也毫不困难，那么你可以放心，这个问题不会影响他的工作表现。相反，如果对方回答说求职者往往会轻率行事，或者

## 第三章
### 背景调查和发出录用通知

在分析信息后总是犹豫不决、无法采取行动,那么这时你就需要重新考虑是否要聘用他了。如果你的决策风格能够与求职者的决策风格相中和,那么提早知道这一点能让你更好地给予对方更多的支持;反之,如果你们的决策风格互不兼容,那么你需要继续寻找下一位候选人。

有效地招聘

# 对远程办公的员工进行背景调查

21世纪初以来,人类取得了巨大的科技进步,远程招聘和混合劳动力模式越来越成熟。但在2020年初,新冠疫情突如其来,由此产生的巨大变化让我们措手不及。自工业革命以来,全球劳动力的工作模式一直是传统的朝九晚五,而独立劳动力的大量涌现突破了这一束缚,新技术、新知识和新技能受到追捧。确实,全球工作的扩张情况因行业(制造业与服务业)、工种、技术熟练程度以及企业文化而各不相同。但是无论如何,你都应该时刻做好招聘远程办公员工的准备。接下来我们看一看,在对远程办公员工进行背景调查时如何与其前任主管们交谈。

请注意,下列问题可以根据求职者是否具有远程工作经历而进行更改。此外,你可以把这些问题与其他问题相结合,以便考察求职者的远程工作素质。注意观察这些问题与前文中"有效面试远程工

## 第三章
### 背景调查和发出录用通知

作员工"中面试问题之间的联系。面试问题或多或少会涉及背景调查,因此你可以向求职者的前任主管们核实你对他的第一印象是否准确,毕竟他们曾与求职者在同一环境共事过。

下列问题有助于你与求职者的前任主管进行一次坦诚对话。选择最适合你的问题,将其作为你的核心问题,或者将其与你的常规问题相结合:

你认为达米安(Damian)在分散劳动力模式中的表现如何?换言之,作为远程工作者,他在独立性、与主管的沟通技巧、时间管理、项目完成和目标设定等方面表现如何?

许多人在远程办公时,不一定具有高效的组织能力、专注力或动力。如果达米安没有远程工作的经历,你认为他能胜任这份工作吗?

他以前的工作模式是混合式的吗?是每隔一段时间去一次办公室,还是完全远程式的工作方式?你认为哪种工作模式更适合他?

达米安通常采用什么方式向你反馈项目进度?

### 有效地招聘

对你而言,这种反馈沟通是太多、太少,还是恰恰好?

就远程办公团队建设和同事关系而言,你认为达米安能够促进团队和谐吗?在远程工作的诸多限制下,他是否能够表现出真实的自我?

远程办公自身的灵活性是否有利于发挥达米安的优势?换言之,他在团队中总能脱颖而出,是因为远程办公的环境吗?你认为他在现场办公环境里是否会表现得更出色?

你能掌握他的工作进度和动态吗?你是否觉得对他的动态和敬业度不太了解?还是因为你知道他一直在"忙",所以总是有一种"紧迫感"?

你是否认为达米安天生就是一个积极主动的人?他是否能够自我激励、自我挑战?还是你认为他需要具体的指导与反馈?在你看来,这两者之间平衡吗?他是否需要更多关于结构方面的指导?

总体来看,达米安能够一直按时交付工作成果吗?你是否经常需要更改他完成项目的最后期限?

我发现优秀的远程办公员工往往会为自己设立

## 第三章
背景调查和发出录用通知

目标,例如,工作清单、个人指标数据、季度业绩日历,等等。达米安过去曾用过这些方法吗?如果没有的话,他一般使用什么方法展示自己的目标进程和结果?

达米安是如何与同事保持联系的?他以前是否参加过公司的网络会议或聚会?为了避免脱离群体,他是如何与同事联系交流的?

接二连三的远程会议很容易让人产生交互感。没有面对面的相处,达米安能否将自己的个性融入会议当中,与客户、同事建立联系?

时差对你们工作的影响有多大?如果身处不同的时区,他是否能够适应你和公司的日程安排?你曾经是否担心过他不能灵活安排日程?

有时,远程办公员工会感觉被孤立或者害怕"人走茶凉、离久情疏",在其他领导者和整个公司面前找不到存在感。达米安有没有担心过被公司忽视,或者他因为远程工作关系而产生孤独感和孤立感?

你是否知道达米安远程工作中的缺点?如果是

现场办公，这些缺点可能并不存在。

总体来说，你认为他是不是一名优秀的远程办公人员？从 1 分到 10 分打分，满分为 10 分，你给他打几分？

如果有机会，你还会再次聘用达米安担任远程职位吗？你会重新聘用他吗？如果是，远程办公还是现场办公？

远程工作的最大挑战仍然是沟通、协作、包容与文化。针对这四个主要挑战，精心设计背景调查的问题并加以不断实践。这样，你就更有可能招聘到符合公司文化的远程办公员工，获得足够多的信息和反馈，从而对求职者的承诺和表现有信心。

## 第三章

背景调查和发出录用通知

# 提前模拟辞职挽留：为发出工作邀请做准备

挽留措施指的是老板为了挽留想要离职的员工而开出的条件。众所周知，老板会利用员工的忠诚感、内疚感或改变工作环境所带来的恐惧心理来说服他重新考虑是否要离职。当然，老板也会通过给予升职、大幅加薪和配偶津贴来吸引员工回归，而不去寻求新的工作机会。

一般情况下，求职者会在接受新工作邀请后再与现任老板提出离职申请，就挽留条件讨价还价，而这似乎还很合乎逻辑。因为大多数招聘者认为，他们必须在求职者接受当前老板的挽留措施前，向其发出工作邀请。然而，实际上正确的做法应该是，在发出录用通知之前就处理好求职者会遇到的辞职挽留问题。一旦你发出工作邀请，决定权就掌握在求职者手里了。他们会以此作为筹码，与当前老板谈判，以获取更高的薪酬。请记住，挽留措施是招聘过程中你需要控制的另一个因素。

如果求职者暗示他会考虑接受当前老板给出挽留措施，你该怎么办？直接建议他现在就跟他的老板解决这个问题：这能让你掌握主动，去除后患，以免受他们后期谈判的影响。

本节将介绍如何提早模拟辞职挽留。招聘者和求职者可以提前模拟辞职挽留的情景，以达成正式的工作邀请，这有时被称为"辞职演习"。辞职演习在招聘行业经常发生，猎头公司会让求职者进行角色扮演，模拟向现任老板发出离职通知。招聘人员花时间帮助求职者做好辞职准备是值得的，这样就可以避免在最后一刻出现意外，让之前的所有努力付之一炬。所以，招聘人员这样做是出于实际的商业利益。辞职演习对你和招聘经理都有好处，因为这极大地增加了求职者接受工作邀请的可能性。

请再说一下，为什么你觉得当前应聘岗位能够满足你的职业需求？或者说，为什么在我们公司工

## 第三章
### 背景调查和发出录用通知

作对你的职业生涯很重要?

这个问题可以促使求职者在心理上接受你的工作邀请。通过模拟演练辞职挽留,让求职者意识到一旦他向现任老板提出离职,就有可能受到不公正的待遇。因此,这个过程的第一步就是让求职者说出他加入你们公司的好处。具体做法是让他思考你的工作邀请是如何实现他的个人需求和职业需求的。

求职者加入一家新公司通常有以下三个原因:公司、职位、同事。因此,求职者必须说服你和他自己,让他觉得有足够的理由从现任公司离职,加入你的公司。不要认为求职者一眼就能看出你公司的吸引力以及所能给予他的有益之处。

**从 1 分到 10 分进行打分,10 分代表你对我们的工作邀请非常感兴趣,1 分代表毫无兴趣,那么你打几分?**

接下来的这个问题是让求职者说出自己换工作

的心情和动机，并主动说出他对接受新工作的担忧。当你询问求职者，他对新工作有多大兴趣时，如果他毫不犹豫地回答说10分，那就太好了。但是要注意：这个分数是相对的，真正重要的不是分数本身，而是分数背后的想法。例如，如果劳拉说她打10分，那么你就接着说："太棒了，劳拉！听你这么说我很高兴。那么，你为什么打10分呢？"

为了解释为何打10分，求职者必须说明她对10分的定义。如果劳拉说她目前在某个会计师事务所任职管理顾问，想成为公司内部的管理层，所以她对这份工作非常感兴趣。那么，如果你的工作邀请正合她的心意，她就很有可能接受这份工作。

反之，如果劳拉给自己打10分是因为很难与善变的领导相处，那么这个10分可能意义不大。公司里的人际关系多变，领导更换频繁，一个领导可能今天还在但明天就离职了。因此，如果劳拉与现任领导解决了分歧，或者这个领导离开了公司，那么她就可能接受公司的挽留措施。

但是，假如劳拉说她打 8 分，那么你要弄清楚她为什么对这份工作不是完全感兴趣，让她说明为什么只打 8 分，怎样她才能打 10 分。只要知道了她对哪些地方不满意，你就能说服她接受这份工作，当然前提是你能够让她克服心理障碍，并且满足她的心理预期。

**如果要继续留在当前职位，你觉得需要做出哪些改变？**

无论何时，当你面试一名来自竞争对手公司的优秀求职者时，记得花时间研究一下此人的当前职位，这样就能知道你给出的条件与他现在的职位有何差距。当然，如果求职者正处于失业状态，这个问题就无关紧要了。

在问这个问题的时候，首先观察求职者如何回答那些超出个人控制范围的问题，例如，等待裁员、公司搬迁、工作不稳定等。针对这些问题，如果求职者回答说："包尔（Baul），我现在的公司没有什么能吸引我留下来。"这意味着他想与现任老板彻底划清界限，决心入职你的公司。

相反，如果求职者的回答含糊不清，"嗯，我实在想不出现在的公司有什么变化能让我留下来。"那么就继续这样问他：

我发现公司的一两个变化就会让员工对离职犹豫不决。就你而言，这一两个变化是什么？

如果求职者对这个问题的回答仍然只是浮于表面、模糊不清，接着继续问：

你觉得自己的贡献得到公司的认可了吗？还是你的领导低估了你的贡献？

显然，你这是把求职者当作同事对待。无论是那些为了避免落入谈判劣势而言语闪烁、不愿提及现任老板任何缺点的求职者，还是那些之前没有认真考虑过如何解决人际关系的求职者，这种提问模式都能促使他们开始谈论这些关键问题。毕竟，总会有一个问题能够把他与现任老板联系到一起，而且根据数据来看，这个问题极有可能是关于他和领

## 第三章

背景调查和发出录用通知

导之间的矛盾。

即使求职者觉得自己的努力得到了充分的认可,这个问题也能体现出他与领导的关系,然后顺利转换到他离职的原因:

不,我和老板的关系很好。但是公司缺乏先进的制度,使我不能一直处于本领域的前沿。另外,四个月前公司新入职了一位首席执行官,彻底改变了公司之前的做事风格。总而言之,我觉得是时候探索其他的职业道路,做出一些改变了。

太棒了!你已经把这个问题引向一个合理的结论,求职者的回答表明他目前面临的问题几乎无法修复了。这是一个重要步骤,让求职者寻求心理上的突破,也让你进一步了解如何在适当的时机发出工作邀请。

**如果你递交离职申请,公司会给出什么样的挽留措施?如果你现在马上离职,你觉得现任老板会**

**怎样挽留你？**

这个问题会让求职者做好心理准备，应对公司的挽留措施。这样，当事情发生时，他就不会猝不及防，也不会让他的情绪影响判断。另外，如果公司没有如他期望的那样挽留他，那么他或多或少会对当前老板感到失望，也会更加强烈地认为这个时候离职是正确的。

如果你有意给求职者发出工作邀请，那么问这样一个具体的问题是有实际意义的，这会让你与求职者站在同一战线上，共同商议如何提出辞职并顺利离职。求职者脑海中会形成好人和坏人的影像——如果他的老板试图通过加薪来诱惑他留下来，那么他的老板就是一个试图阻止他抓住新机会获得成功的坏人。对求职者来说，预先警告就是预先做好准备，这一简单的做法可以帮助他们逃离陷阱。

如果你从求职者的回答中察觉到一些风险，例如，他的现任老板可能给出更有诱惑力的挽留措

## 第三章
背景调查和发出录用通知

施，或者他很难放弃与现任老板的私人关系，那么继续问下面的问题：

如果你真的接受现任公司的挽留，你现在的职位会有所变化吗？六个月之后你的生活和现在会有区别吗？你继续留在现任公司，会像在我们公司一样表现出色吗？

让求职者在脑海中演练这个场景，当他收到挽留措施时，与他一同分析、一起更长远地展望未来。统计数据表明了一个严峻的事实——大多数接受公司挽留的员工在六个月内就离职了，因此他们失去了职业发展的直接机会。然而作为招聘者，你不能直接对求职者言明这一点，因为谈判时，你在他们眼中是有偏见的一方。但是，通过为求职者指明未来的发展方向，你也能引导他们自己得出同样的结论，认识到继续留在当前公司的局限性。

作为求职者的一个未来的领导，你完全有权利去了解什么样的因素能够吸引求职者继续留在当前公司。这不是多管闲事，而是衡量求职者是否对这个工作真正感兴趣的有效方法。毕竟，你才是那个提供工作机会的人。无论劳动力市场有多紧张、求职者的技能有多专业，在就业市场上有一条法则永恒不变：招聘者决定谁能得到工作。因此，你可以利用这个绝对优势对最终入围的求职者进行调查，包括他们是否真的愿意加入你的公司、他们接受原公司挽留措施的可能性，以及他们是否愿意为公司带来效益。同时，你还可以帮助他们避免成为"留职挽留综合征"的受害者。

## 薪资谈判：发出工作邀请，完成招聘

一旦面试过程结束，你就应该"锁定"最终人选，这样他们才会愿意接受工作邀请。不建议你立即发出工作邀请——求职者会在这个时间权衡从现任公司离职加入新公司的利弊。人在临近终点时容易情绪高涨，如果求职者之前没有在脑海中上演过这最后一幕，他们仍有可能无法抵制挽留措施的诱惑。

当然，作为招聘者，你无须游说他人来为你工作。如果你费尽心力才能让求职者接受你的工作邀请，那么他们会觉得自己的决定过于草率。

大多数人在经历这个重要阶段时会面临巨大的压力，不要低估这一点。对我们普通人而言，由于换工作而引起的焦虑与因公开演讲或害怕死亡产生的焦虑不相上下。确实如此：离开所熟悉的环境——一份目标明确的工作、家人一样的同事、熟悉的餐厅，甚至一把舒适的椅子，都会让人产生极大的恐惧，即便是那些非常自信的人。

如果在新公司遭遇了意外裁员怎么办？至少在这里我已经得到了长期职位，应该能挺过前几轮的裁员。我听说很多人因为"后进先出"的原则而被解雇，这意味着到时我将是第一个被解雇的人。我现在的工作真有这么差吗？

在求职者做出最终决定时，你与他产生共鸣是至关重要的，因为虽然新工作令人兴奋，但也让求职者背叛了现任老板。因此，在给出工作邀请时你要采取"拉引策略"而非"推动策略"。使用本节介绍的提问模式，让求职者感觉是他们在向你靠拢，而不是你在推动他们。

**自从我们上次见面以来，你个人情况有没有变化？**

如果在你准备发出工作邀请的时候，求职者有了别的计划，那么现在就是要进行沟通的时候。你千万不要因为不可预见的情况而将整件事情搁置下来。

## 第三章
背景调查和发出录用通知

求职者十有八九会说没有什么变化。如果是这样，接下来你就可以参照下列步骤继续推进工作。但是，如果发生了一些变化——例如，求职者突然升职、大幅涨薪、得到了另一个工作机会，或者突然不想换工作了，那么，你需要退回到辞职挽留的角色扮演阶段，收集必要的信息。首先你需要弄清楚发生了什么变化，求职者对这个职位还有多大兴趣，其次综合分析这些信息，看看你是否能够帮助他解决这些问题。

你要小心那些突然要求延长答复时间的求职者。理想情况下，经过多轮面试，求职者已经有足够多的机会研究你的公司、与公司的关键人物交谈，并当场接受工作邀请。

如果求职者要求一周或更长时间之后再给出最后答复，那么这通常意味着他正在等待另一家公司的工作邀请。暂时不给你答复，他就能赢得时间，看看另一家公司能否开出他真正想要的条件。这对你来说是不利的，因为他将你的公司当成备选项。根据统计数据，这种情况下求职者接受你公司职务的可能性微乎其微,即使他们没有得到最想要的那份工作,这些求职者通常也会拒绝备选选项,然后重新开始找工作。

如果你怀疑求职者在拖延你的时间,等待另一份工作邀请,那么直接说出你的想法。问他:

为什么你不能现在就给我们答复?

如果你的怀疑是正确的,求职者会欣赏你的直觉并对此做出解释。那么你就能知道他接受这份工作的可能性有多大,然后决定是继续等待,还是转而寻找其他求职者。

记住,不要试图在最后关头游说求职者,说你们公司是他的最佳选择。这时他的注意力完全在另一份工作上,不然的话,他早就接受你的邀请了。因此,试图让他相信你的公司比其他公司更优秀,会让你在谈判过程中处于劣势地位:就好像是你在乞求他拒绝对方公司,或者企图再次推销自己的公司。再说一遍,不要这样做。到目前为止,你已经

## 第三章

### 背景调查和发出录用通知

竭尽所能推销自己的公司。你所要做的就是坚持自己的行动计划，尊重对方的选择权利。

**如果必须从公司、职位、同事这三个因素中选一个，那么哪一个是决定你选择我们公司的最主要因素？**

你要确保求职者对你的公司有一个清晰的了解。他需要再次说出加入你公司的好处和机遇。

你会发现大多数求职者都会选择公司，因为这是他们换工作的主要原因。当工作出色时，人们会寻求情感上的认同，他们想为一家关心员工的公司工作，他们想知道自己可以有所作为。这些情感标准存在于公司及其所有表现形式中：公司员工、企业文化和使命。

如果你发现行政助理岗位的求职者选择了同事，你也不要惊讶。看重人际关系的员工经常依据上司来定义自己。因此，一名向首席运营官汇报的执行助理很可能会根据他们之间的关系来决定是否接受你的邀请。同样，研究员可能从大学、实验室或医院离职,加入他们一直在追随的项目负责人的团队。

同样,一些急于在公司上位的求职者可能对新职位带来的更大权责、公司采用的先进技术更感兴趣。这些求职者追求更大的控制权、预算管理权或者希望接触新的兴趣领域,提高他们整体的适应能力,他们会选择职位。

简而言之,以上答案无对错。重要的是,你要了解促使求职者与现任公司分道扬镳,加入你公司的关键因素。至少在他们入职的第一年,这种情感纽带会成为新员工与公司的黏合剂。此外,招聘经理和相关部门有责任创造一个良好的环境,让员工可以发挥特长、自我激励,找到能让整个公司受益、让个人长成的新方法。

**做出最后决定之前,你还有什么要问我的吗?**

这是薪资谈判前的最后一步,你有机会把自己塑造成一位关心员工、善解人意的招聘者形象。毫无疑问,这一举措会受到求职者的欢迎,坚定他们

## 第三章
背景调查和发出录用通知

离职并加入你公司的信心。因此,在谈判的最后阶段都应该采取这种善意的做法。更重要的是,这样可以将求职者所有的问题和担忧拿到明面上来,以免阻碍他们接受工作邀请。

除了薪水外,如果求职者还有其他顾虑,那么你首先要回头分析已有信息,解决他的这些顾虑,然后再进行最后也是最关键的一步——薪资谈判。

一般情况下,求职者会再次跟你确认岗位职责、汇报关系或福利待遇等事项。有时他们会说他们已经计划好了两周的假期,不能取消,想要无薪休假;或者他们说两周的通知期限不够,需要三周。那么,现在是时候讨论这些琐事了。

然而有时候,你可能想不到的是求职者的要求突然飙升。例如,如果有人说他忘了告诉你,他在原公司有价值 25000 美元的股票期权,他希望你把这些期权折算到他的基本工资里,这就有勒索的意味。求职者在最后关头提出这些"无理"的要求,是因为你错失了最佳谈判时机。对于这种在最后时刻拿出筹码的求职者,你在给出工作邀请时一定要谨慎。

根据公司的招聘模式不同,以下内容可以由人力资源招聘人员或招聘经理负责解释:

"杰奎琳(Jacqueline),在讨论具体的薪资待遇之前,我想让你了解一下我们公司的机制。新员工的起薪取决于下列三个因素:工资范围、预算和内部公平。下面我将对此详细说明:

- 工资范围指的是某个特定职位的最高工资与最低工资范围。这个差距是相当大的,通常最低工资和最高工资能够相差60%。在我们公司,每个职位的工资范围都不一样。
- 预算指的是公司为填补职位空缺设置的一个固定数值,代表了同等条件下,公司愿意支付的最高工资。
- 内部公平是我们公司最重要的薪酬理念:我们综合考虑新员工的经验、技能和教育背景在整个团队中的水平。这是确保薪酬公平和

## 第三章

### 背景调查和发出录用通知

薪酬计划完整性的最合理方式，因为整个集团的薪酬标准必须保持一致。

但是杰奎琳，我希望你明白，我们提出的报价是固定的、不可协商。这是我们在不违反内部公平规则的前提下所能给出的最好报价。如果你觉得这个报价是公平的，并且愿意接受，那就太好了。但是，如果你不能接受，我们也不太可能再增加了。对此你能接受吗？""我接受。"

选项一：

那么，基于我们已有的讨论和面试经历，对于这个职位，你觉得多少薪水是合理的？

选项二：

好消息，杰奎琳，我们想要给你一个报价。基于你的经验、教育背景和技能在整个团队中的水平，我们能给出的合理年薪是 65500 美元。相对于外部市场来说，我们认为这个报价是公平的，而且比你目前的薪水高出了 15%。祝贺你！接下来我们想确定一下入职日期。对此你有什么想法吗？

## 有效地招聘

如果你能给出的报价确实有限,那么"选项一"上面的那段话就可以派上用场了。在这种情况下,提前说明这一点,求职者就不会认为你最初给出的报价是"可以进一步谈判的"。这是公平和相互尊重的,而且表明了一旦你把条件讲明白,就没有太多可商量的余地了。

当招聘岗位是一个新创建的职位,或者求职者的当前薪酬高于你所能给出的报价时,采用选项一(让求职者提出个人理想的薪酬)比较合适。例如,如果你们公司这个职位的薪酬低于外部市场,求职者之前是一名经理但是现在不知出于什么原因,愿意接受你公司高级分析师的职位,这时候你就可以要求他首先给出报价。从逻辑上讲,他应该知道这意味着减薪,但减薪的幅度可以协商。这种情况下,采用选项一更为合适,你可以在对方报价的基础上灵活地提高报价。

当你因为公司预算或内部公平等原因无法提高报价时,采用选项二(你主动提出报价)比较合适。直接告诉求职者,你已经给出了公司薪酬制度

## 第三章

背景调查和发出录用通知

所允许的最高报价,看看对方如何回答。有时候,不管你多么喜欢某个求职者,你都雇不起他。实际面试中,你甚至都不需要到报价阶段就能看出这一点;但有时候,只有把报价说清楚才能明白这一点。另外,如果工资轻微上涨一点就能让求职者接受这份工作,那么这还是值得你与老板或薪酬负责人进行商讨,请求一个例外的。是的,如果仅因为薪酬原因而在最后一刻失去一名潜在的员工是令人沮丧的。好在整个过程中你一直保持着公平、透明,接下来你只需要顺其自然,尊重求职者的最终决定。

薪资待遇通常不会完全出乎意料,因为在面试的某个时刻——无论是最初的电话筛选,还是几轮的现场面试中,这个话题会不时地出现。毕竟,无论是招聘者还是求职者,都不愿意把时间和精力花在双方都实现不了的事情上。相比较而言,选项一更温和、更能吸引求职者,而选项二基本上是门一开又关上了,没有给求职者留下多大商量的余地。你所需要做的是看看哪种方式更适合你公司的文化、业务和沟通风格。

**特别提醒：小心新员工反悔**

就算求职者已经接受了你的工作邀请，也往往会对当前老板的挽留措施犹豫不决，这就是为什么我们建议要在发出录用通知之前"提前模拟辞职挽留"。尽管如此，求职者事后还是会感到害怕或内疚："如果我不喜欢新工作怎么办？在这里我至少清楚自己的位置。当我需要休息的时候，我会非常想念办公楼大厅里的咖啡店。离开现在的同事让我很痛苦：他们都希望我留下来。"

求职者有这种感受是正常的，但是这可能会让他们内心非常纠结，最终导致他们撤销辞呈或者入职第一天就不来新公司上班。当求职者的现任老板提出加薪、升职等挽留措施时，这种情况发生的概率很高。

对此最好的解决办法是在两周的通知期限内与新员工随时保持联系。你可以邀请他共进午餐，无论是线下午餐还是虚拟午餐；也可以邀请他参加公

## 第三章

### 背景调查和发出录用通知

司的会议或聚会,让他有机会认识新同事。通过这些联系让他对新工作充满期待。如果你秉持"眼不见心不想""一切随缘"的心态,一厢情愿地相信对方到时会准时出现在办公室,那么你最终很有可能会失望。你要让对方自始至终一直感受到你对他的关心与支持。除非那个人已经坐在办公室里工作,否则你永远无法保证他会抵制住留在当前公司的诱惑准时入职。

# 第四章

入职

很多公司花了大量时间来寻找、吸引求职者，然后进行面试、筛查材料、背景调查，等等，但是当新员工第一天上班时，公司往往没有给他们留下深刻的印象。很少有公司会将资源用于提升新员工的入职体验。与入职第一天的新员工培训不同，入职体验应该在新员工入职最初的一到三个月内进行，并在接下来的六个月内继续跟进。

本章介绍了公司怎样才能最大程度地帮助新员工在入职第一天、前三个月的月末以及第一年年末提升考核结果。定期考核并获得个性化的反馈，对公司和新员工之间加强联系、互相尊重和建立信任大有裨益。

前九十天的试用期结束之后，接下来你就可以期待新员工自己安排、管理自己的季度考核，在整个年度中你只需要扮演教练和导师的角色。这是一个简单的授权训练，你需认真对待团队新成员，帮助他们量化季度业绩、随时向你汇报遇到的困难、指明你需要做出的调整。最理想的状态是新员工能够进行自我管理，而你只需要设置好预期目标，然后放手。这就是聪明的领导方式！

第四章

入职

# 入职第一天：欢迎新员工

在新员工入职第一天，很多公司除了做入职培训外几乎没有其他安排。有的公司花一整天做入职培训，有的公司将其限制在半天甚至一个小时之内。这是公司的巨大疏忽。在新员工顺利适应公司之前，无论是领导层、新员工自己，还是公司，都有很多事情要做。为新员工办理入职不仅是登记建册，更是你给新员工留下好印象并使其真正融入公司文化的首次机会。本节将介绍新员工入职的各方面事项，以确保你对新员工的投资物尽其用、规划合理。

虽然新员工培训通常会向新人介绍公司政策、行为准则、安全要求、组织结构和主要领导等，但入职流程为你提供了一个指导新员工的机会，让他们从一开始就表现出最高的参与度和工作能力。从广义上讲，入职流程可以让你有机会：

**有效地招聘**

- 说明公司的关注点和价值观。随着时间的推移，这些方面会清晰地展示出来，因为这些是公司的核心，是明确区分公司和竞争对手的关键点。
- 塑造"真正的追随者"，在突出公司历史和成就的同时宣传公司的故事。不是每个员工都需要了解公司的财务状况和企业战略（优势和劣势、机会和威胁），但是所有新员工都应该了解公司是做什么的、是怎么做的，以及想让员工做什么。这是一个宣传公司特色的良机。试图在一天内解决所有问题是不可取的，这样无法让新员工欣赏、重视公司的文化和传统。
- 设置客户服务体验的期望值。你希望新员工如何服务内部客户和外部客户？为了让每位员工都了解你的价值观，你希望他们如何参与工作？有些公司会给新员工发放小册子，说明他们的期望值。
- 设置适当的标准以指导新员工评价个人工

## 第四章

入职

作，指导他们正确看待个人与大局之间的关系。正如迪士尼公司所言，你是教导你的员工砌砖还是建造教堂？你的员工了解他们自己与大局的关系吗？他们知道创始人创建公司的原因和过程吗？他们认同公司给客户和整个社区带来的价值吗？

- 介绍公司的考核体系。向新员工说明公司会在三个月、六个月和一年后进行绩效考核，并在每年度绩效考核后（或者公司规定的任何周期）进行绩效调薪。新员工可以利用这些考核机会进一步了解自己目前的表现、想要达成的目标以及实现目标的途径。向新员工展示如何使用绩效评估模板、目标计划工作表、自我评估表以及个人发展计划模板，帮助他们从一开始就着眼于长期业绩和目标。

新员工入职的第一个小时、第一天、第一周和头三个月的体验，将决定他们与你联系、反馈、建议和说明的方式。不同于许多公司让新员工"自生自灭"的培训方法，本书提到的入职策略将大大增加员工顺利入职并长期任职的机会。

给新员工指派一位导师。每周与同一团队中的导师或代表进行一对一的交谈，可以为导师和新员工带来巨大的投资回报。新员工喜欢有人带领他们了解公司的方方面面，发现早期职业生涯中不易发现的"雷区"，帮助他们更好地了解同事以及他们的个性和爱好。这样的关系不仅可以建立信任和友谊，更为重要的是，凭借这样的关系网，新员工可以更有信心地融入公司。

对于资深或终身团队成员来说，这是一项多么伟大的延展性任务！公司不时地让员工担任领导角色会提升他们的自我价值感，这为他们培养新的团队成员提供了机会，也有助于其提升个人信誉。这种做法也营造了健康的竞争意识，让团队中的资深成员参与进来，以确保新员工的成功。实际上，有些公司把导师或公司代表经历作为提名"高潜力人才"项目的首要条件。这些做法利用公司对新员工的投资，扶持新员工的成长与发展，都是健康的工作环境的重要因素。

## 第四章

入职

# 入职第三十天：第一印象和"前馈"

新员工入职第三十天的面谈是公司正式考核其业绩和工作进展的绝佳机会。实际上，新员工在入职后三十天内离职并不罕见。这段时间是员工向公司过渡的一个关键薄弱阶段，因此坐下来与他们一对一聊聊这段时间的经历，是非常值得做的事情。理论上，如果招聘过程中有一些沟通错误的事项（尤其是关于职位和权责），都可以在这时一并纠正；同时，这也能帮助新员工解决他在工作中突然遇到的困难。

无论日常工作中你和新员工有多少互动，这种私下的谈话都是必要的。这时候你们讨论的是新员工本人，他入职的经历、他遇到的新问题、给他最大帮助的人以及他对公司文化和工作环境的整体印象。这些话题在日常的工作中是不会被谈及的。如果你认为通过日常互动也能"确切了解新员工的感受"，那么你是没有明白这样做的重要意义：一对一的专门谈话永远会受到新员工的赞赏。这种感觉很特别，也很有意义。即使谈话只持续十到二十分钟，也是值得花时间一试的。

对大多数招聘经理而言，进行面谈的最大挑战是不知道该问什么。那么你可以参考下面的建议，开启谈话，并让新员工顺着你的思路将谈话继续下去。

**入职第三十天的一对一谈话**

你认为我们选择你担任这个职位的原因是什么？

到目前为止，你喜欢这份工作和这个公司吗？最近一切顺利吗？在这段时间的经历中有什么亮点吗？为什么你这样认为？

你已经在公司待了一个月，那么对于你的工作和整个公司，你有没有不了解的地方？

自从加入公司，你有没有遇到过突发事件？

在这一个月的时间里，你认为你遇到的最特别的事情是什么？

我能帮什么忙吗？我能做些什么来帮助你更好

## 第四章

入职

地融入公司?

　　新员工对这些问题的回答可以产生重要的"前馈"信息,根据这些信息,你就能够及时解决潜在问题,防止其变成大麻烦。

有效地招聘

# 入职第六十天：转折点？是时候开始"真正"的工作了

六十天的时间对很多新入职员工来说是一个独特的挑战。这时，他们已经交了新朋友，熟悉了公司里的主要领导和上下级关系，也形成了自己的做事节奏。有意思的是，六十天的时间也足以让他们看清楚同事的界限在哪里，他们会不会对新人吹毛求疵、是否有排斥新员工的小团体。

到目前为止，新员工的表现已经有目共睹，更重要的是，他们的行为开始发挥作用。例如，如果新员工是一个强大的团队建设者、团队领导者或体系挑战者，那么他的这些特质现在已经显现出来。同样，如果他交了新朋友，有了一起吃午餐的伙伴，或者即使别人每天都出去吃午餐，他却喜欢独处，那么这些性格特征也会在这两个月的空窗期显现出来。

虽然关于社交、友情和团队合作意愿等问题

## 第四章

### 入职

的答案无所谓对错，但是让新员工在新环境中感觉舒适自如很重要。同样，在这段时间里，新员工喜欢与他人打交道吗？别人觉得他好相处吗？关于职位期望值和性格匹配问题会在第六十天考核时有结果，所以这时候你应该重点关注新员工的行为以及与行为相关的事件，以便更好地了解他们。对于这些问题，如果你不问，你就永远也不知道答案。

下列这些问题可以帮助你在一对一的面谈中顺利开启对话：

### 入职第六十天的一对一谈话

你认为自己用于工作的时间是正好、太多，还是太少？

工作中你是否会利用合适的工具和资源？你目前接受的培训是否足以让你承担更高难度的工作？

你觉得你的工作与公司的使命和前景有什么关系？

你觉得还有哪些地方需要改进？为了能够更好地胜任这个职位，你希望公司可以给你哪些帮助？

你觉得公司的现状与你面试时想象的样子有区别吗？自从加入公司以来，你有过惊讶、失望或开心的时刻吗？

当你的主管给你建设性批评或纠正你的错误时，你的感受如何？

在过去的六十天当中，你与同事的关系如何？工作中你们是否彼此都感觉很融洽和谐？

我能帮上什么忙吗？我能做些什么来帮助你更好地融入公司？

## 第四章

入职

# 入职第九十天：设定初始目标，调整预期，为季度、年度及以后的考核做准备

新员工入职第九十天的考核面谈既是一个结束，也是一个新的开始：这意味着入职流程结束，也预示着新工作的开展，新员工与你（通常是部门经理）共同为接下来的季度考核设置目标。

接下来，我们首先看一下考核面谈中的回顾性问题，确保整个入职过程尽可能顺利。然后，我们再看一下需要解决的前馈问题，以确定每个季度反馈业绩、达成目标和庆祝成功的节奏。

### 第一部分：回顾性问题

在与新员工第九十天的面谈中，重点应该是帮助他们加深对具体业务、主要参与者和当前举措的了解。例如，公司关注的更高层次的目标是什么？每个岗位如何辅助达成这些目标？有哪些机会可以让新员工有所作为？下列问题将有助于评估新员工

在过去三个月中的表现:

  对于公司的业务、所处产业和当前举措,你还有不清楚的地方吗?

  在过去的三个月中,你曾经与公司高层领导团队中的哪些人进行过一对一的交流?这些人中,你还想再次见到谁?

  自从你加入公司,哪些同事对你有较大帮助?(目的:找出哪些人能够劝说新员工留任)

  当你对工作有疑问时,你会去问谁?你们的谈话顺利吗?

  自从加入公司以来,你与主管、同事和客户曾有过不愉快的经历吗?

  从 1 分到 10 分打分,满分为 10 分的话,你给领导层的整体沟通能力打几分?

  你认为自己的想法和建议受到重视了吗?请举例说明。

  回想一下,在设定公司整体规划以及你个人工作期望方面,还有哪些方面是我们可以继续改

# 第四章

入职

进的？

## 第二部分：前馈问题

接下来我们继续讨论下一个话题。公司每个季度都会召开一次正式会议，讨论你的专业、职业进展以及目标的实现情况。我想让你根据自己的时间安排这些季度交流会，这样可以方便你开展工作。我会给予你指导与帮助，但我希望你能带头做这项工作。你觉得这样安排合适吗？

我希望咱们能确定第二个季度交流会的具体目标。到时候咱们一起讨论，当然中间任何时候我都愿意听取你的想法。

总体来说，当我们每个季度会面时，我希望听一下你在实现年度目标方面的进展情况，目标是否需要调整，你是否需要资源或培训等方面的额外支持，你的职业兴趣与当前工作的关系。同时，我会要求你关注行业发展需求，告诉我公司是否因为市场新变化需要调整或改变发展方向。你觉得这样安排合适吗？

太棒了！我建议你把这些季度交流会的内容作为年度绩效考核的参考标准，这样就不会有意外情况发生了。你保证会这样做吗？

好的，那我等你安排好下次会面时间，给我发送日程邀请。不过我还是要说（虽然我觉得没太大必要），我希望你能坚持安排每季度的考核交流会，一直到年度考核那一天。届时，我们将设定团队的最新目标，然后根据你的个人业绩目标进行适当修改。下次见面时我可能会问以下问题：

基于你在公司这半年的经历，说一下你认为公司设定的最有意义的两三个绩效目标。

为了保证你跟得上团队的整体节奏，你希望对业绩目标和时间安排做出哪些调整？

为了实现你的业绩目标，你需要公司提供额外的培训或指导吗？

除了目前的本职工作外，你愿不愿意承担更多责任或接触更多领域？

你是否有兴趣参加公司的"高潜力人才"项目，或者接受其他业务能力的培训？

## 第四章

入职

你如何规划提升自己的领导力、沟通能力和团队建设能力?

我可以做些什么帮助你实现目标或促进你的职业和专业发展?

最终结果:新员工能够有更优秀的表现、更明确的期望、更高的参与度,最终会有更长的留职时间。毕竟,随着时间的推移,从入职第一天就参与入职面谈的员工会感觉与你和公司的联系愈加紧密。他们会感觉被认可、被接纳,对自己的长远发展和被承诺的前景会更加感兴趣,因而表现出更高的忠诚度和更强的业务能力。有意思的是,这甚至都不需要花费太长的时间。

虽然传统的新入职员工培训可能会持续一整天,但接下来的第三十天、六十天和九十天的面谈可能每次只有半小时。总的说来,公司每年花在每位团队成员身上的时间可能只有几个小时,但是由于这些面谈贯穿于前九十天的整个过程,因此后续的跟进和联络有助于巩固员工和公司间的亲密关系，使之经受住时间的考验。

在你与员工会面时，是否有一个"机会成本"（即不利因素）能将新员工调离岗位？答案是有，尤其是当涉及你的时间和新员工的工作能力时。但你将获得的回报也很可观。你将有机会识别最佳表现者，把特殊任务指派给那些积极上进的员工；找出哪些员工遇到了困难需要帮助，重点列出哪些员工在招聘过程中没有得到合适的岗位。你的额外关注将帮助新员工在合适的时机将新理念和新技能融入自然学习过程当中，而你独特的眼光也将发现一些公司未曾发现的机遇。

这种扩展的入职培训机会难得，有助于公司充分利用对新员工的投资，增加成功留住新员工的概率。在接下来的六个月中采取这种策略，看看对新员工的留职率有无影响。如果几个月后你发现这种投资有了巨额回报，那么不要太惊讶，因为你所投入的时间、所寻找的机会，以及长时间的坚持将会在很长一段时间内让公司受益。

最重要的是，即使你的公司没有大范围的入职

## 第四章

入职

培训,你也可以和你的团队一起做这件事情。这就是创建个人领导团队的美妙之处。记得向你的老板汇报这一情况,这样所有人都能立场一致。当然,如果你看到别人效仿你的做法也不要感到惊讶。毕竟,好主意大家都喜欢,当此类做法在实践中效果良好时,别人也会如法炮制。这是最高水平的榜样领导,这个举措从一开始就使你处于一名出色的领导者、沟通者和团队建设者的位置上。

## 远程入职培训：2D 世界中的 3D 体验

　　新员工的远程入职与线下入职过程目标一致，旨在帮助新员工熟悉公司及其使命与价值观，让他们感觉到公司很欢迎他们、接纳他们，加强他们与团队的联系，同时提供必要的工具和培训，使他们能够立即着手工作。由于不能面对面地交流，如何让新员工对团队产生归属感具有一定挑战性。

　　与线下入职相比，远程入职过程具有特殊的困难。正如所有的线上活动一样，对新员工进行沟通、结构、方向等方面的线上培训时要更有目的性。毕竟，公司期望这些新员工能够像其他人一样为公司带来效益。区别在于远程入职培训没有一对一的面谈机会，而这种面谈通常有助于新员工适应新环境，通过日常接触快速建立社交关系并使他们融入集体。

　　因此，为了达到同样的效果，远程入职模式应该稍稍区别于传统的入职模式。是的，你还是要

## 第四章

### 入职

遵循前几节提到的入职第一天、第三十天、第六十天、第九十天的模式和结构。但是，对于员工远程入职第一天你要特别关注，对活动设计要更为深思熟虑，以确保新员工顺利入职。下面将介绍如何建立个性化的、令人愉快的远程入职体验，以帮助新员工顺利入职。

**第一步：尽可能成批招聘，不要单独招聘。**

当新员工们在同一天入职时，他们会自然而然地建立纽带、相互依赖、交换意见和经验、分享初始见解。因此，你要抓住机会，利用好这一重要的社交途径。

**第二步：给新员工发一封欢迎邮件。**

邮件内容包括新员工入职第一天需要了解的相关信息，例如，设备何时到位、第一天和第一周的日程、第一次加入视频会议的链接等。你还可以提前一天给新员工开通访问公司内部网的权限，以便他们在入职前了解相关事项。提供一份公司的结构图，介绍各部门及其主要领导，尤其是那些与新入职员工团队有密切联系的部门。列出能够帮助其缩短学习过程的词汇表，尤其是行业术语和缩写词，因为如果新员工自学这些知识需要花费几个月的时间。最重要的是，通过给新员工邮寄礼物包（比如运动衫、咖啡杯、带有公司标志的笔和便签等），让他们感觉公司很重视和欣赏自己，由此获得团队归属感。当然，你也可以在新员工入职第一天赠送别出心裁的礼物，例如咖啡代金券或者外卖配送午餐等。

**第三步：入职第一天分发工作设备。**

给新员工分发工作所需的电子设备（例如：笔记本电脑、鼠标、键盘、显示器、耳机和手机等）。如果可能，在邮寄新设备之前，下载安装好公司专用的软件和程序。其中内附初始安装说明，指导新员工成功登录电脑和工作电子邮箱。同时，异步通信和即时通信是远程办公必不可少的部分，所以要确保将新员工添加到所有的日历邀请、预定会议、电子邮件组和其他通信工具中，以防他们错过重要

## 第四章

### 入职

的消息和通知。让新员工"参观"一下你的虚拟工作空间。安排一位技术人员在线培训新员工设置使用各种技术软件（例如：登录凭证、虚拟专用网络、项目管理应用程序等）。把这当作与新员工的第一次会面，因为他以后与团队联系的唯一方式就是通过虚拟网络。

**第四步：通知团队新员工的到来。**

给团队成员发送一封邮件，告知他们新员工的到来。记得抄送邮件给新员工，这样他们就能看到新同事发来的欢迎信息或表情。或者你也可以在Slack（一种团队协作工具）的公共频道或团队会议上热烈欢迎新员工的到来。设置虚拟的影子实习或工作培训课程，帮助员工了解自己的新职位，或者帮助他们深入了解其他团队和部门的工作。

**第五步：入职第一天给新员工指定一位教练或导师（亦称为"伙伴"）。**

与团队中的同事或资深成员建立即时联系，是每一位成员都值得花时间去做的——对新人和导师来说也是如此。正如本章一直提到的那样，这是你挖掘团队成员领导潜力的良机，可以提升你识别高潜力领导者的能力，而且新员工也可以放心地占用团队经理和伙伴的时间，向他们请教专业知识。给新员工指定一名搭档也可以带领他们熟悉同事、和他们分享信息、给予他们建议，帮助他们尽早适应新环境，提高工作效率。

**第六步：创建第一周的工作日程。**

你希望新员工在入职第一周能够学到什么？做什么？为他们入职第一周的工作创建一个计划表，确保在视频通话和考核检查之间留出休息时间，这样他们才不会感觉被忽视或不被重视。一个简单的工作清单能有很大帮助，让新员工根据自己的节奏和判断力"攻坚"重点任务。

**第七步：灵活安排第一周的会议和聚会。**

调整数字材料格式以取得最佳视图效果，避

## 第四章

### 入职

免"Zoom 疲劳症"[①]。将语言调整为数字模式,添加细节,以不同格式存储(例如:PDF、1∶1培训/投屏分享、在线培训视频、即时消息和传统电话等)。

第八步:从入职第二天起至第一周结束,安排小组会议或一对一谈话。

与团队成员谈论一下自己的背景、兴趣、关于我自己的一件趣事、喜欢的沟通方式以及做事方法。让大家自由发挥,简单介绍自己的工作和兴趣爱好。

这样的对话经常会演变成讨论当前项目和即将到来的庆祝活动,这有助于建立一段新关系。与直接主管、导师和同事的一对一谈话能让新员工立刻置身于关怀和参与的氛围中。在第一周安排团队虚拟午餐,可以帮助新员工在随意自在的环境中了解

---

[①] 新冠疫情以来,人们越来越多地使用 Zoom 这类线上会议软件,使用这种线上会议软件工作、开会,会令人们产生一些不适和疲劳感。——编者注

团队。不用握手,也不用付账。

**第九步:从第二周开始进行必要的培训。**

注意不要给新员工安排太多培训,但是必要的培训计划必须立即执行。无论培训内容是关于遵守工作场所的规定、个人行为规范,还是对工作区的远程人体工程学评估,新员工必须立即参加这些培训,以便在第一个月结束前完成所有培训工作。可以给新员工提供文字和视频资料,让他们按照自己的步调自学这些入职文件。

**第十步:为提问创造空间。**

我通常建议,在新员工入职初期,主管与所有直接下属每周进行一次一对一的谈话;但是对于远程办公员工,这种谈话需要每天定时进行。当然,他们可以随时与你电话联系或者发消息给你,但是远程办公第一周需要大量沟通联系。因此,第一周每天的谈话将会非常有用。

## 第四章

### 入职

**第十一步：建立自发性互动。**

同事之间自发的互动可以帮助新员工与团队建立联系，更好地了解公司文化。在现场办公环境中，喝咖啡时、等待会议室空出时或者经过同事办公桌时，员工之间都可以随意地交谈几句。然而在远程办公环境下，这些瞬间的互动就带有更大目的性。因此你需要创造机会，激发新员工和团队其他成员之间的对话。例如，如果你的公司使用团队协作工具，你可以使用应用程序将新员工与公司其他员工配对，进行虚拟咖啡聚会。无论在何种情况下，无论使用何种技术，确保员工之间有足够多的联系，为个人参与集体和相互了解创造多种机会。

**第十二步：收集远程入职反馈。**

要让新员工在入职第一天和最初几周内感觉到公司重视自己。给他们发送一份调查问卷，收集关于远程入职过程的反馈。

入职过程是影响员工体验的关键因素之一，但是创造良好的入职体验并不容易。正如远程团队的其他过程一样,远程入职流程需要精心策划,这一点与现场的同地协作团队是不一样的。因此,你需要创建一个入职步骤清单,确保每一位新员工,尤其是处于不同时区的员工,不会迷失在海量的新信息当中。简单地说,尽可能从员工入职第一天起就寻找各种机会,建立信任与包容。你对远程入职的投资将为你带来长期回报。

下列问题你可以单独提问,也可以结合招聘前后不同阶段的常规问题一起提问。重要的是确保你要准备一些问题,帮助解决远程办公团队的特殊需求。在新员工入职的第三十天、第六十天和第九十天做问卷调查时,将下列问题融入其中,以确保你能够解决这些关键人群的主要需求:

你认为怎样才能让我们团队成员的关系更紧密?由于我们不能像同一办公室的同事那样围在一起聊天、喝咖啡,那么我们怎样才能更好地了解彼此呢?你觉得每周举办一次团队虚拟午餐,大家只

## 第四章
### 入职

谈论与工作无关的事情,能对此有所帮助吗?

我们怎样做才能与你通过网络建立信任,产生互相支持的感觉?

日常工作中我们的联系、交谈是否足够密切?

我们正在使用的通信工具是否有助于我们更快地回复工作?

你喜欢工作与生活相互融合的远程工作模式吗?一天工作结束时你能够切断与工作的联系吗?还是你觉得即使下班了也很难从工作中脱身(比如在一天结束的时候离开办公室)?

你觉得我们每周举行的例会次数需要增减吗?你觉得我们怎样才能在不增加会议次数的情况下联系更紧密?

你是否有时会感到孤独、闲散或与团队成员脱节?如果没有,你有没有注意哪位同事可能有这种感觉,以便我们可以给予他更多支持?

当远程办公时,我们怎样才能更好地保持联系?你是否觉得因为我们特别关注远程办公的人员,公司文化变得更加丰富了?还是说,远程工作模式对我们的整体文化产生了消极影响?

你认为我们怎样才能加强信任,以一种好的心态更好地应对变革?如果在我们的团队文化中添加一种元素可以帮助我们更好地接受和应对变革,你认为这种元素是什么?

实话实说,从1分到10分打分,满分为10分,你给我的领导能力、沟通能力和团队建设能力打多少分?

你喜欢在办公室现场办公还是在家远程办公?如果只能选一个,你会选择哪种办公方式?为什么?

你相信自己每天都能把工作做到最好吗?在这一过程当中,远程办公是起到了促进作用,还是阻碍作用?

你认为我们怎样做才能获得更多乐趣?每月举行一次商业读书会对此有帮助吗?如果每周五下午3点钟增加一次总结会议,让大家在周末到来之前放松一下,你觉得怎么样?

## 第四章

入职

远程办公和现场办公的主要区别在于：你作为一名远程工作领导者在给员工分配工作时必须更有计划性。当人们聚在一起时，很自然地就会产生朋友情谊、伙伴情谊和信任，而这一点对于远程办公员工来说，尤其是当他们处于不同时区和地区时更难实现，或者说需要花费更长的时间来实现。

远程领导力的真谛在于无私：把他人的需求置于个人需求之上，出于真正关心而询问对方的情况，让他们知道你一直在他们身边。用真心来领导他们，对这一特殊人群的特殊需求表达同情和真挚的关心，并随时征求他们的反馈意见。你将发现，其他人会效仿你的领导模式，进而形成自己强大的远程领导素质和能力。

可以说，能够进行有效面试和招聘是一名领导者最重要的素质。如果做得好，可以锻炼自己挖掘顶尖人才的能力，提高招聘成功率，引导新员工顺利入职。通常阻碍公司领导成功招聘的原因是缺乏各个阶段需要提问的问题，无论是最初的电话筛选和面试阶段，与求职者前任主管进行的背景调查阶段，还是薪资谈判阶段或入职阶段。现在，读了本书之后，相信你已经具备了有效沟通技巧和能力，完成时间紧迫而又复杂多变的招聘过程。

培养你的技能，研究以上面试问题，看看哪些适合你；一旦求职者向他的现任老板提出辞职，尽量与他们保持联系；把新员工的入职过程看作设定目标、与团队商讨职业和专业发展的宝贵机会。如果操作得当，你可以将有效招聘无缝衔接至绩效管理，最终实现提升个人领导力的目标。最棒的是，你无须花费更多时间，只需要更好地利用现有时间。感谢你在通往有效招聘的道路上倾听我的讲述，你会发现本书能让你投入的时间和精力得到更大回报，而很少有其他做法能做到这一点。